税務調査のプロ集団が教える実務の落とし穴

否認を受けない
税務申告のポイント

税理士法人
今仲清事務所 著

清文社

はしがき

「社長、税務署から御社に税務調査に伺いたいとの連絡がありました。」顧問税理士からこんな連絡が入って「そうですか。いつでも先生と先方の都合のいい日にどうぞ」と平然としていられる社長さんはどのくらいおられるでしょうか？

「税務調査があればお土産を用意しておくのが当然」と考える経営者の方もおられるようですが、そのような会社は3〜5年に一度税務調査されることが多いようです。一方で多額の利益を毎期計上し、経営成績も右肩上がりの会社でも、会社が日常の会計帳簿記入を適時適正に行い、毎月税理士事務所の所長や担当者が会社に訪問し、帳簿の内容をつぶさにチェック、新しい取引や契約内容などを確認しながら税務処理をその都度適正に行い、ここ10年以上税務調査が全くない会社もあります。税理士が申告書作成にあたって確認した内容や前期と比較して大きな増減があった内容などを記載した書面を添付していると、調査の前に「意見聴取」があり、意見聴取の結果、税務署から「更正決定等をすべきと認められない旨の通知書」が送られて調査そのものが省略されることもありますし、調査に移行したとしても本来3日かかるところ2日で済んでいる事例もあります。

このような会社が税金を過大に納付しているのかといえば決してそうではなく、例えば雇用者給与等支給額増加税額控除の適用や生産性向上設備・収益力強化設備の事前認定を受けて全額一括償却若しくは税額控除を受けるなど、法律で認められている特例の内容を徹底して活用し、法律に従って1円も多くなく1円も少なくないよう可能な限りの節税をされています。

はしがき

　当事務所では、個人の事業所得や法人税を担当する監査部だけではなく、相続税や贈与税、譲渡所得税、事業承継支援業務などを担当する資産税部門もあります。相続税は被相続人の死亡の日から10か月以内に申告しなければなりませんが、ご依頼から申告納付までの間に何度も訪問させていただいて様々な手法を用いて事実確認を行い、円満な遺産分割の実現とともに、法律に従って1円も多くなく1円も少なくないよう可能な限りの節税した申告を実現しています。相続税についても添付書面をつけていますので、意見聴取で調査に移行しないことも多く、税務調査になる割合も圧倒的に低くなっています。

　本書「否認を受けない税務申告のポイント」は、このようなことを実現するために会社・資産家の方々が税理士事務所と一緒にどのように取り組んでいけばよいのかを、持つべき基本的考え方とともに、様々生じる個別の具体例を取り上げて解説しています。

　税理士事務所の側からではなく、長年税務調査の現場で調査に携わり、税務署を退任されたのちに税理士法人今仲清事務所の社員税理士として勤務された税務署ＯＢの方々の実際の経験を会話形式でわかりやすくかつ読みやすくまとめました。会話の中で所得税、法人税、消費税、相続税などの実際の調査現場の話がふんだんに出てきます。

　本書が事業経営者、会社経理担当者、資産家、税理士、会計事務所職員などの実務や行動の意思決定のお役に立てば著者一同幸甚に存じます。最後になりますが本書の企画・立案・編集において大変なご尽力を賜りました、清文社の城田輝行氏に厚く感謝申し上げます。

税理士法人　今仲清事務所

代表社員　　今仲　清

目次

1 法人税・所得税・相続税の書面添付の意義と効果 …… 1
（参加者）今仲、川崎、三村、進、佐伯

2 マイナンバー導入による税務調査への影響 ……… 11
（参加者）今仲、川崎、三村、佐伯、進

3 法人の決算に向けた留意点(棚卸・売上計上時期) … 22
（参加者）今仲、川崎、三村、進

4 架空人件費 …… 32
（参加者）今仲、進、川崎、三村

5 同族関係者給与 …… 41
（参加者）今仲、川崎、進、三村

6 役員退職金 …… 50
（参加者）今仲、三村、進、川崎、橘

7 従業員の横領・貯蔵品 …… 68
（参加者）今仲、川崎、進、三村、橘

8 オペレーティングリース …… 92
（参加者）今仲、三村、川崎、進、橘

9 金銭貸借 … 104
（参加者）今仲、進、川崎、橘、三村

目次

10 生命保険金 112
（参加者）今仲、進、橘、川崎、三村

11 貸倒損失 121
（参加者）今仲、川崎、進、橘、三村

12 ゴルフ会員権・有価証券 139
（参加者）今仲、川崎、三村、橘

13 借地権 152
（参加者）今仲、川崎、進、三村、菊田、佐伯、橘

14 消費税・印紙税 170
（参加者）今仲、川崎、橘、進、三村、菊田

15 相続税・財産の帰属 193
（参加者）今仲、菊田、佐伯

16 債務控除 237
（参加者）今仲、菊田、佐伯

17 評価 250
（参加者）今仲、佐伯、菊田

（注）　本書は、平成28年10月から令和元年5月までの間に行われた座談会の内容を収録したものです。

1 法人税・所得税・相続税の書面添付の意義と効果

今仲 私どもの事務所が法人税・所得税の書面添付を行うという方針は、事務所をスタートした昭和59年、「調査省略、申告是認を目指そう」という運動をしていたTKCに入会したことがもともとです。今では、毎月関与先に訪問して、帳簿と原始帳簿を確認する巡回監査をしている法人と個人にだけ書面添付をつけています。

所長　今仲清

　お客様がしっかりと、所得を適正に申告していたら、結果として調査をする必要はなくなり、また、調査があったとしても申告はそのまま認められる、ということが税理士法第1条の使命の実現なのですから、それをやろうということです。

税理士法第1条《税理士の使命》

　税理士は、税務に関する専門家として、独立した公正な立場において、申告納税制度の理念にそって、納税義務者の信頼にこたえ、租税に関する法令に規定された納税義務の適正な実現を図ることを使命とする。

今仲 この書面添付（税理士法33条の2）は、税理士が関与先の申告をするときに調べた内容や特殊な事情、前年と比較をして変わった点などを書くということによって、国家財政が厳しくなり、調査員の数も減って、調査率も下がる中で、少しでも調査の効率を上げ、結果として、コストが下がり、国民全員の税負担が下がる、ということを目指す制度なのだろうと思っています。

調査省略、申告是認というふうに結び付けていくことは、お客様にとっても、長い目で見れば調査に長い間来ない、来たとしても数日程度の短い調査で終わるということにつながります。また、調査の前には税理士が出した添付書面についての意見聴取という制度がありますが、これによって、結果として、調査をしないこともあります。お客様にとって、それがあるべき姿というか、お客様にとってもその方がありがたいというふうになるはずですから、それを一生懸命やってきたということなのです。

先生方は、逆に調査をする立場で今までずっと調査をされてこられたということですので、そのお立場も踏まえて、ご意見を聞かせていただければと思います。

川崎 本格的に意見聴取制度というのが文言として出たのは、平成13年の税理士法の改正の時です。

三村 おっしゃるとおり意見聴取制度ができたのが平成13年です。ですが、税理士法33条の2そのものは、もっと前からあります。

進 それまでは、まったく機能してなかったというのが実状のようです。

川崎 課税当局は、書面添付については、まったく意識の外にあったというのが事実でしょう。実際、チェックが行われるようになったのは、意見聴取制度ができた時に、まず書面添付の内容のグレードがどの程度なのか、

個別にではなく、全体としてどうなのか、統計を取ってからです。

今仲 それは平成13年の意見聴取制度ができてからですか？

川崎 以降です。それまではまったく意識の外です。

進 見たことなかったですよね。

川崎 全然なかったわけではないですが。

三村 特に税理士法33条の2に関していえばそうですね。普通の税理士先生は当時、調査に関しては、調査の現場ありきでしたから、もう意見聴取の内容がよっぽど細かく書いてあれば別ですが、基本的に現場ありきということでした。

川崎 税理士先生に対する言い方としても、「調査に伺うのですがこちらの法人は書面添付をされていますので、先生にも意見をお伺いしますから、調査の日に来ていただけますか？」でした。

三村 税理士先生に意見聴取をさせてほしい旨の電話をさせていただいたうちの半分は、「もう、そういうのはしなくてもよろしいでしょう？　意見聴取のために関与先の会社に行ったとしても、どっちみち調査でしょう？」という先生です。

川崎 わざわざ意見聴取のために関与先に行っても、どうせ調査するのだったら、そのためにお互いに時間をとるのはもったない、というのが最初の反応でしたね。

進 意見聴取イコール調査という暗黙の了解がありました。

今仲 平成13年にスタートした頃に、添付書面が付いていた法人の申告割合は、どのようなものだったのでしょう？

川崎 数％でしょう。

進 5％はいかないですね。

川崎 2％から4％ぐらいでしょう。ほぼTKCの先生でした。

三村 私が聞いていたのは、東京の方が率は高く、大阪の方が低いということです。私たち課税当局の側の認識としては、書面添付する先生イコールTKCの先生だという認識が強かったです。本当に限られた先生だけでした。

川崎 税理士会の方から国税局に、意見聴取は調査ありきでしているのではないかと、クレームが付いた時期がありました。それを受けて導入した方針が、各税務署何件の意見聴取をやりなさいというものです。また、日数はきちっと割り当てるというような政策が事務計画の中で出てきました。ですから中には、最初から省略ありきの意見聴取も必然的に出てくることになったわけです。そのような形に徐々に慣れていったのが、今の政策だろうと思います。

今仲 それはいつ頃からそんな形になったんですか？

三村 平成13年に意見聴取制度ができて、少ししてからです。

進 3、4年の間くらいです。

川崎 平成21年頃までの話です。

三村 最初の事務指針が平成21年4月に出ています。ですから、この時から積極的にやり出したわけです。

進 何件意見聴取を実施して報告を出しなさいという事務計画です。意見聴取後に省略した件数、調査に移行した件数をきちんと出すように、担当者と統括官と同席しなさいなどといった注意事項が記載されていました。担当者にふらない事案というものもありまして、省略ありきの意見聴取は統括官が行いました。稼働日数の中に調査日数をいかに作っていくかということもありますから。

今仲 私が意見聴取の件数が増えてきたと認識し出したのが、平成21年、22年、23年くらいです。

　そのあと地元の税務署の特別調査官の担当の方がうちの事務所から出ている相続税の添付書面の付いている申告について、5、6件集中して意見聴取をされた時期がありましたが、それはすごく勉強になりました。例えば、出金の中で200万円とあると、「その時期に、修繕か何かされていませんか？」というような指摘があり、お客様に聞いたら、指摘のとおり修繕をしていた、というようなことがありました。

　添付書面が付いてない申告書は、いきなり調査になります。添付書面の付いている申告書には、意見聴取があって、その結果、実地調査がなくなるとなれば、お客様にとっていいことですから、できる限り書面添付することに決めました。

進 税理士会が書面添付のサンプルを出していますが、その文面と同じ内容の実際の添付書面が結構ありました。誰かが作ったものをそのまま転用しているわけです。

川崎 訪問記録簿の中からピックアップしていけば、月1回の巡回監査からかなりボリュームのある中身のある添付書面が作れると思います。添付書面を作る時になってあれこれと調べて考えたりしなくても、自ずとできあがるのだろうなと思います。

今仲 実際、訪問記録簿の本来の趣旨は、言ったこと、依頼したこと、確認したことを、きちんと記録に留めるということが本来の役割です。その結果、それが添付書面に書くことにつながるということは、おっしゃるとおりだと思います。

三村 この間あった話ですが、ある税務署の法人三部門担当で、平成17年

６月に調査を受けて以降、本店を移転して管轄が他の税務署に異動しましたので、そろそろ調査があるかな、と思っていると、意見聴取がありました。統括官と担当者でしたが、積極的に説明をしましたら、調査する事項が減ってしまったのでしょうか、後日、電話で、今回は調査を省略します、と連絡がありました。

今仲　私はもともとそういう思いで、書面添付をスタートさせたので、お客様のところに調査が来ないで済むようにする、調査に仮に来たとしても、書面添付がなかったら３日かかるところが１日で済むとか、１日半で済むとかいうふうに、調査項目が少なくなったというふうにするのが、お客様にとっても、精神的、時間的にもいいだろうという思いで、ずっと取り組んできました。

　今、当事務所では毎月訪問して申告している件数は法人・個人合わせて、280件ありますが、年間の意見聴取、調査、年１回で申告している個人で書面添付していないところも含めて、実地調査は法人・個人合わせて３～４件です。

　相続税の申告は、相続税の基礎控除額が下がった平成27年相続開始分以後が35～45件なのです。それまでは、20～30件くらいでした。うち意見聴取が年間３～５件です。実地調査は平成25～29年まで実質ゼロでしたが、このところ１～３件といったところです。これもやはり非常に低い調査割合かと思います。

三村　ただ、書面添付していれば、必ず意見聴取があるからといって、調査があるかどうか100％事前にわかるということではありません。事前通知なしのものは少なくなっていますが、無予告調査はありますから、これは意見聴取する必要がありませんので、この点は注意しておいていただき

たいですね。

佐伯 書面添付していて意見聴取を受けた率としてはそんなに高くないかもしれませんが、書面添付をしているということで、元から調査を省略してしまうという調査省略割合は、当事務所は非常に高いと思います。添付書面にしっかり記述してあれば、これは意見聴取の必要はなく調査等も必要ないという判断になるわけで、そういう効果は出ていると思います。

今仲 なるほど、申告をした件数に対して、意見聴取の率が低いということの意味は、調査も意見聴取もしないでおこうという割合が高いと言えるわけですね。

川崎 書面添付の添付書面の内容の充実がそこに要因として出てくるのです。

進 調査に行かない前提で意見聴取していて、調査選定も、対象外選定もそういうきっちりした書類を添付されている先生は最初からどっちでもいいかなという率が高いですね。申し送り資料等があれば、別ですが。

今仲 その辺りを日常的に先生方にご相談申し上げて、口頭だけではなくて、書面に基づいて、書面がない場合には、例えば、契約なら契約書、その事実関係なら、事実関係を書面に残すという形で、判断をしていくということをやっぱり積み重ねていけば、どんどんレベルが高くなっていきますよね。そういう意味で、本当に先生方に入っていただいて、書面の残し方も含めてご指導いただいているのは、結果として、お客様にとってもすごく安心につながると考えています。

　当然我々は、グレーゾーンと判断するときには、お客様にできるだけ優位なように判断していくわけです。ただ、ダメなものは、ダメですから、どう考えても黒というのは当然ダメですし、黒に近いグレーゾーン、ここ

の部分については、先生方に相談しながら徹底的に事実関係を確認して添付書面に反映させていくということをしているわけで、それが結果としてお客様を守るというふうになると思います。

創業社長の10億円の退職金のときも、最初は金額が大きすぎると思いました。「最終報酬月額×勤続年数×3倍程度」までについては定着しているとはいえ、それで計算して10億円になるとなればやはり不安は不安です（笑）。登記事項証明書や議事録その他の事実関係を確認して、税務署へ何回も行って、担当の方と相談しましたが、担当の方は「これで大丈夫です」とは一言も言ってくれませんから（笑）。

そういう場合においても、添付書面に役員退職金に関する事実関係、判断などを詳しく記載して申告した結果、結局、調査も問い合わせもありませんでした。

川崎 税務署へ相談に行くということは、牽制効果はありますよ。それだけ十分に討議してるということ、相談したことは、税務署側の記録には残っているはずですからね。

今仲 そういう意味でも、当事務所の内部でそれができる体制をしっかり作れているのですね。先生方には本当にお役割をしっかり果たしていただいて、ありがたいと思っています。

今仲 平成21年頃から相続の書面添付もやっていますが、相続税は申告がその時1回だけなのでちょっと違う面がありますね。

佐伯 短い期間にやってきたことを、記録に残して重要な部分だけを抽出して、添付書面に記入するというのは結果的には同じです。相続に関していえば、当事務所の場合、本来の実地調査はありません。

今仲 例えば大きな額のお金がどこへいったかわからない、ということを

解明するために、調査が来るわけです。亡くなられた方の奥さんに、「何月何日に1,000万円出金していますが、どうしたかわかりますか？」と調査の現場で聞かれて、わかる人はほとんどいません。そもそも調査が来るというだけでも、普通の精神状態ではありません。そのうえ、ピシッと聞かれたら、もうあがっちゃっていけません。

佐伯▶精神状態が普通じゃない。それはありますね。普段であれば、なんの問題もなく、スッと答えられるものであっても答えられないということはあります。

今仲▶しどろもどろになっちゃうのですね。私もそういう経験を開業してすぐの頃に調査に立ち会って何回か経験しています。

佐伯▶ですから、今仲事務所の場合は、そういうことを解明するのは税理士の責任だという考え方があるのでしょうね。預貯金は税理士の責任の範疇じゃないよ、という考え方の税理士先生も当然おられるわけですが。

今仲▶そうですね、そういう税理士先生は多いですね。最初は私もそうでしたから。しかし今はそれは違うと思う。

佐伯▶逆にそういうことを税理士の立場で聞いていくと、うっとうしがられるという部分もありますよね。

今仲▶今申し上げたように、きちっと申告することが、あとあと精神的に楽ですよ。いつ頃調査に来られるだろうかとびくびくする必要もありませんし、万が一調査に来ても、ここまできちんと調べていれば、もうほとんどのことは答えることができる状態になっていますから、聞かれてわからないことは「わかりません」と言えばいいだけの話です。こうすることで安心の相続になって、枕を高くして眠ることができるわけです。

　申告してから調査まで3年、4年の期間があります。その間「もし、調

査が来たらどうしようか…」ということを一切考えないでいいようにするのが、我々税理士の仕事です。そういう意味で我々の聞くことに素直に答えてほしいのです。

　そういうふうに説明するとほとんどの人が「その方がありがたいです」と私どもに依頼していただけます。「紹介されたので今仲事務所に頼む」じゃなくて、何人かの税理士に会ってから当事務所に依頼される方も多いです。当然、当事務所を選んでいただけないこともあると思うのですが、それは、当事務所はとにかくキチンとしましょうと言いますから、そうすると逆に「あそこへ行ったら全部さらさないといけないのでやめよう」ということをお考えになって、そういうことをあまり言わない税理士事務所へ行くということはあるかもしれません。

佐伯▶あるでしょうね。

今仲▶法人税、所得税、相続税、贈与税どのような税金であろうと適正に申告しなければならないのは当然です。人としてまっとうに生きていくことが、心穏やかな安心の生活を送っていくことだと思います。もちろん、税金は法律に従って１円も多くなく、また、少なくなく、節税できるところは目いっぱい節税することも大事です。

　これからもそのためのお手伝いを精一杯努めたいと思います。

　ありがとうございました。

(左から)佐伯税理士、川崎税理士、進税理士、今仲所長

2

マイナンバー導入による
税務調査への影響

今仲 税理士法人今仲清事務所の税理士5名による第2回座談会のテーマは「マイナンバー導入による税務調査への影響」で進めたいと思います。先生方よろしくお願いいたします。

川崎・三村・佐伯・進 よろしくお願いいたします。

今仲 平成28年からマイナンバーが導入されましたが、実質的にはまだ動いていないというのが実態だと思います。平成29年1月からはマイナポータルがスタートし、各自がインターネットを通じて、例えば年金とか納税額とか健康保険料などを見ることができるようになりました。徐々に実際のいろんな場面でマイナンバーが出てくるのかと思います。私どもは税理士法人ですから、税務という視点で見たときに、マイナンバーが税務調査にどういうふうな影響が及んでくるかということを検討してみたいと思います。

調査ということになったときに、大きいのは預金口座にマイナンバーが入った場合だろうと思います。平成29年中に銀行などの金融機関がお客様の口座番号にマイナンバーを付番できるようにシステムを改定しなけれ

ばならないという法律ができ、平成30年1月1日以後、いつでも預金者の口座にその人のマイナンバーを組み込むことができるようになっています。しかし、この段階で預金者に告知義務はないと個人情報保護法及び個人番号法の一部改正法で決められています。証券口座についても令和2年4月1日から同様になります。もっとも、『ＩＴ総合戦略本部パーソナルデータに関する検討会』というところの資料の中に、「令和3年を目処として預金者に告知義務を課す方向で検討を進める。」というふうに書いてあります。実際このとおりになるかどうかはわからないと思うのですが、将来的にそういう方向になるのかなと思うわけです。ただそれまでに、システムが整ったいずれかの時点で、例えば税務署が、確定申告の申告書では振り込む時の金融機関の口座番号がわかっているわけですから、銀行に対してこの口座番号にマイナンバーを入れてくださいというふうに依頼をする。あるいは年金の振込口座の口座番号に、年金機構からこの人の番号は何番ですからマイナンバーを入れてくださいと依頼をする。高額医療費の振込口座に、健康保険事務所から同じような依頼をする。生活保護費の振込口座に、市町村の担当部署から同じように依頼をする。というふうなことが考えられているというのが、これもパーソナルデータに関する検討会資料の中に書いてありました。ということは、いずれかの時点からは徐々にそういう公的機関を通じて、基盤整備されていくと考えられます。預金口座に徐々にマイナンバーが入ってきたときに、これまでにも税務調査で銀行に入って事前調査をして情報を取ってから、調査に行くというようなことを当然されていたと思うんですが、そこが一番何か出てきそうだなという気はするのですが、いかがでしょうか？

佐伯 私はそんなに大きくは変わらないと思います。というのは、平成15

年の本人確認法の施行後は銀行も口座を開くときに、免許証等で本人確認するじゃないですか。住所、名前はある程度もう把握されてきましたし。そうするとマイナンバーができたから新たに何か、というのは出てこないのではないかなという気がします。

今仲▶なるほど。

佐伯▶既存の口座、過去の古い預貯金口座までこのマイナンバーを付番できるかどうかですよね。まだまだ仮名もいっぱいあるし、そこまでできないですよね。

平成15年の本人確認法の施行まで仮名や無記名の預貯金口座がたくさんあったわけですが、こういう口座がなくなったわけではないわけで、現にあった仮名や無記名預金はずっとそのままになっています。

川崎▶塩漬けされたままですよね。法人所得などの調査という点では、それらの預金というのは手の届かないところにあります。ただ、資産関連の預貯金や金融資産に付番されていくと、精度の高いものになるのは事実ですね。

佐伯▶その仮名預金には付番できないですよね。そうなるとマイナンバーは直接的に関係ないかなと。

川崎▶100％は無理でしょうね。

佐伯▶そうすると調査で把握するから今までと変わらない。

進▶いずれは銀行に対して古い口座も全部付番しなさいということができるかどうか。

今仲▶ここまでの話を整理すると、過去の仮名預金にマイナンバーを付番することはなかなか難しい。もし仮にいずれかの時点で、預金者にマイナンバーの告知義務が付されて、銀行は預貯金口座に全てマイナンバーを付

番しなければならないとなったときに、例えば相続税の調査の際には、古い仮名預金を除いて付番される可能性がある。新規に作る口座からだと思いますが、番号を全部入れないといけなくなる可能性がある。一応全部入ったとしたときに、相続税の税務調査で楽になるだろうと思うのは、マイナンバーを入力すると、北海道から沖縄までの預貯金等が全部出てくること。それははっきりしていますね。

三村 ▶ マイナンバーが全て付番されたとして、それをボタンひとつでというけど、遠方の銀行に作った預金までわかるようになるかどうか。

川崎 ▶ 付番マイナンバーを入力すると情報を一元化して手に入れることができるかというと、調査時に権限上の制約があってできません。例えば闇雲にマイナンバーを指定して、全ての銀行の預金を全部調べ、情報として取るとかいうような調査手法は法律上認められないのです。

今仲 ▶ そうなんですか？

川崎 ▶ ですから特定しなければいけないですね。銀行名も。

今仲 ▶ 私が思っているようにマイナンバーをポンポンと入力して北海道から沖縄まで、住所と氏名と、マイナンバーを入れたら一括して情報が出てくるなんてことは無理？

三村 ▶ それは法律違反になります。

今仲 ▶ 法律改正しないとダメ？

佐伯 ▶ 調査に入ってやっていく分にはまだいいのでしょうが、先に銀行調査をしてから調査というのは、まずそのことがダメですよね。

今仲 ▶ 少なくとも、調査に入りますよという通知をしたうえでマイナンバーを入れると、一覧で出てくるということは？

川崎 ▶ 例えば三菱ＵＦＪ銀行の本店に依頼して、マイナンバーを指定して

この人の情報を全部出してくださいというような調査は、普遍的調査ということで拒否されると思います。銀行の壁を越えて全ての情報を取るというのは考えられません。それは相続も一緒です。

三村▶銀行は調査を拒みますね。その支店で関係している預金を特定してくださいってことになると思います。

進▶もともと謳い文句は『適正な社会保障の実現』といっているわけでしょ？　平等な公正な社会をつくる。

川崎▶生活保護の受給を適正にする。収入のある人や預金のある人を排除して、適正に実行していきましょう。そういった目的の中に適正・公平な課税の実現ということで税務調査が入るのは何もおかしくないですよね？ただ、アレルギーがあるから徐々にやっていく。そして土壌を固めて6割できました、7割できました。あとの3割4割を何とかやりましょうという社会環境を醸成していくことに目的がある。

佐伯▶本当にやりたいところはそこなんですよね。

三村▶マイナンバーはあくまでマイナンバーで、税務調査は税務調査でということで、やっぱり線引きをする必要がありますよね。

今仲▶それでは消費税にインボイスを入れる話に移りたいと思います。

三村▶一般の商業取引にマイナンバーを付番するのはすごい手間ですよ。だからそこまでやれるかどうかといったら、まず無理ですよね。

今仲▶まだその詳細が明らかになっていませんが、令和5年10月から「適格請求書等保存方式」として事業者に対して消費税のインボイスの番号を付けるわけです。例えば税理士法人今仲清事務所でもマイナンバーの法人版である法人番号がすでについています。それとはまた別に消費税のため

だけに番号を別に作るというのは、私にはよくわからないのですけど。

三村 多分将来的にはマイナンバーに統合していくでしょう。それが10年先なのか20年先なのかわからないけれども、将来的にはそういう構想はできていると思います。

今仲 法人番号は別に秘密でもなんでもありませんが、個人のマイナンバーは個人情報保護法があるのでオープンにできない。番号をオープンにして使えないとインボイスは意味がないので、個人の事業者向けに番号がいるというのはわかるのです。だけど、法人はマイナンバーで何の問題もないだろうと思うのですけどね。

進 公表するかしないかは別にして、法人番号なり、個人の確定申告の番号なりにマイナンバーをコンピューター上で紐付けたら、すぐ置き換えることはできます。消費税についても付番自体は難しいものではないですね。

今仲 消費税の問題は先ほど整理したように、個人のマイナンバーは個人情報保護法によりオープンにできないということがあるので、個人事業者だけに番号を付けることは必ず出てきますね。

佐伯 ですから、消費税のインボイス、個人の場合はマイナンバーについては、税務当局はつながりは職権上当然知り得るわけですよね。ですから、税務当局は情報をつなごうと思えば、銀行調査なりで把握したデータとマイナンバーとかを、独自に職権でもってドッキング、作業を進めていくと思いますね。情報は蓄積していくと思いますね。

川崎 それコンピューターで一発でできるんですか？

三村 機械化がそれだけ進んでいますからね。手作業とかいうよりは、住所と名前と生年月日がはっきりしているとコンピューター上でドッキング

してしまえば動きますからね。

進 ▶韓国はインボイスなんですかね？

今仲 ▶そうです。消費税はインボイスです。日本だけ独自に帳簿保存方式を採用して仕入税額控除方式を採用しています。

今仲 ▶ここからは法人税の調査に話を移したいと思います。売上除外などを調査するときに、別口座を作ってそこに資金が入っていないかどうかという調査をしますよね。この売上除外などを調査しやすくなるというのがありますかね？

川崎 ▶法人税の売上除外は、法人名義の口座ではないですよね？　除外するのは個人口座なり、仮名口座を利用しますね。

三村 ▶マイナンバーが付番されたからといって、法人経理が透明化になるっていうことはない。

川崎 ▶ないでしょう。

三村 ▶ただね、売上除外したお金を、銀行でプールせずに、現金で残すとかいろんな方法があるけども、法人の取引は同時に消費税の取引でもありますから、消費税のＩＤでインボイスが出ます。それにマイナンバーが入っているとなると、マイナンバーでもって数字的なデータが集約できる。例えば消費税の申告・調査等で取得したデータを国税関係で入力していって蓄積していくと資料がすぐできる。

川崎 ▶そういう意味でいうと、消費税のインボイスっていうのはすごい効果があるんですね。

三村 ▶消費税で結局課税売上げと課税仕入れを差し引きして納税という仕組みがあるから、そこを片一方だけ、売上げだけ除外しますとか、もうな

かなか難しい状況になってくると思う。

進 全部表に出てきませんか？

佐伯 業種によると思いますね。

今仲 そういう意味で私は、消費税にインボイスを入れたら手数が増えて大変だなというふうに思っていたのですけど、今回財務省が力を入れてインボイス導入ということになりました。それに紐付けした形で、法人のマイナンバーを入れると集約的にできますね？

川崎 できる。

三村 飲食業や小売業。この辺りは取り残されていくから、そこに調査の重点がいく。

川崎 調査の重点を置くことで、密度の濃いものになるから、事業者にとっては狙われやすい業種も当然出てくる。

今仲 そういう意味ではマイナンバーだけで考えるのではなくて、法人所得に関しては消費税、ここが大きいというふうに考えるということですね。

進 今目指しているのは、どちらかというと資産・相続関係。それと社会保障関係。そこの辺りを透明にすると、国民の不平不満は課税の公平という意味では減っていく。そうすると他のものも導入しやすくなる。「課税の公平をもっとやっていかないと、こういう業種、あるいはこういう分野については、不公平が残っています。」、ということをアピールすることで、やりやすくなっていく。そして行政の効率化ができ低コストで公平な社会が実現するのです。

今仲 では話を次の相続税調査の方に進めますと、すぐには影響がないでしょうけど、ある程度預貯金関係にマイナンバーが入ってくると、全国北

海道から沖縄までポンと番号を入れたらスッと出て集約できるというふうに思っていたのですが。

川崎 法律を改正さえすればできないことはありません。番号を打ったら全国のデータが取れるわけですから。今現在も情報をとっていますからね。

佐伯 そうですね。大阪の居住者が北海道で口座を開こうと思うと大阪の住所で開くしかないわけですから。そういう意味では銀行はきちんとしていますから意外と把握はしやすいんですね。マイナンバーができたからどうというのでもないのじゃないかなと。

今仲 北海道から沖縄まで住所と名前で名寄せを今もやっている。そうすると預貯金口座にマイナンバーが入ったからといって、今までとあまり変わらない。銀行側が作業的に楽になるということはあると思います。

佐伯 基本的な変化というのはないでしょうね。全く効果がないということはないと思います。

三村 住所が変わった場合、現在の住所で照会されると銀行の住所変更手続がないとズレてしまいますよね。マイナンバーの場合はずっとくっついていくので、10年20年という長期間で見た場合は把握されている。技術的にはマイナンバーさえ指定するとコンピューターのスイッチポンで出てくるのですかね？　ただ、それをしたときに今でも結構抵抗が強いのが、全て個人が丸裸にされてしまうという点ですよね。適正・公平な課税のためには必要ですよという点の理解が必要ですね。

今仲 それでは話題は変わりますが、財産債務調書。これも平成29年1月1日以後提出分からマイナンバーの記載が必要になっています。調書そ

のものにマイナンバーが入ります。申告所得2,000万円超かつ総資産3億円以上又は有価証券1億円以上の人に提出義務があります。財産債務調書は、平成28年で7万3,360件提出されています。同じ年の国外財産調書は9,102件の提出です。

川崎 全国民1億2,600万人の数からすると微々たる数ですね。その微々たる対象者にどれだけの割合の財産が集約されているか、ということで効果は高いと思います。

今仲 補足率は高い？

川崎 高いと思います。

進 私はまだまだ隠れていると思いますよ。今後調査に行くと積極的に資料化しますよね？ それをきちんとやることで補足率は高くなります。

今仲 まだ提出していない人を呼び出して調査しています。提出しないことそのものには罰則はないけれど、呼び出して「提出してないでしょ？ 提出しなければならない要件を満たしていますので出してください。」といわれて提出しなかったら、1年以下の懲役、又は50万円以下の罰金ですよ。そこまでやるとは思いませんが、それってすごく大きいですよね？

佐伯 大きいですね。

三村 ほとんどの人が以前の財産債務明細書の感覚ですね。厳しい罰則がない時のイメージがあるからそれがまだまだ残っているのですよね。

今仲 そうですよね。これが実際に普及してきちんとなるようになってきたら、そっちの方が影響が大きいと思います。

佐伯 大きいでしょうね。今、新聞等で出ている富裕層の調査というのも、一つの布石には違いないなと私は思っているんです。富裕層を集中的に調査する。1件当たりこれだけ出ていますよということを社会に知らせてお

いて、だからマイナンバーを活用するのだということを打ち出したら、誰も反対できないですよね。

[今仲] そりゃそうですね。

[佐伯] 法整備の問題もあるので、相続の調査ということで中身を辿っていくかというと、それはそんなにすぐ変わるものでもない。でも、10年15年先にはだいぶ基盤が変わってくるかもしれないですね。

[川崎] そうですね。長期的には。大きな相続の調査のときにね。総合調査で法人も個人もまとめて各調査担当が分割して調査するというようなことがあります。それが強化されていくのか継続のままいくのか、なくなっていくということはないと思いますね。

[佐伯] マイナンバーが導入されて、資産家の立場で何か行動を変えなければならないかというと、基本的には今までやっている子や孫に贈与していくとか、着実にやれることを着実にきちんとやり続けていくということしかない。要はもともと正直にきちんとやっていくということが一番肝心で、贈与や今できる対策を着実に実施していけば、何に怯えることもなく穏やかに人生を送れるのではないでしょうか。

[今仲] 結論はやはりそういう事でズバッとまとまりました。ありがとうございました。

(左から)佐伯税理士、三村税理士、川崎税理士、進税理士

3

法人の決算に向けた留意点
（棚卸・売上計上時期）

今仲▶法人の決算に向けた留意点について話し合います。税務調査においては決算期末前後が一つの調査のポイントだと思いますので、棚卸しの問題、売上げ、仕入れの期ずれの問題など、決算日をポイントとした調査のポイントがいくつかあると思います。企業にとってはそれが、税務調査で否認を受けないための決算申告の一つのポイントだと思いますので、今回はそのことについていろいろ先生方にお話をお伺いしたいと思います。

　まずは川崎先生、お願いします。

川崎▶調査に行ったときに何を見るかというと、かなりの人が「棚卸しが多いところはまずそこを見る」と思います。それから「棚卸しをいつしたのか」、それといつの日であっても「時間がいつだったのか」で変わってくる。夕方仕事が終わってから棚卸しをするところであれば、翌日の出荷の分を全部トラックに積み込んでから棚卸しをしたために、翌日の売上げの分がすっぽりと漏れていた。比較的簡単な、なぜそういうことになったのかというのを確認さえすれば、済む話です。それと、仕事の段取りとかいろんなことがあるので必ずしも末日に棚卸しができるとは限らないですよ

ね。そうしたときの後の調整がされたのかどうか。

今仲 調整するというのは例えば…。

川崎 例えば31日に棚卸しができなかった。それで、1日後なり2日後にしたときの月末からの売上げ・仕入れの数量的なチェック。

今仲 差引プラスマイナスして元に戻す作業が必要になるということですね。

川崎 例えば仕入れは毎日単価が変わりますよね。

今仲 中小企業は大半、最終仕入原価法でやっているにもかかわらず、その最終仕入原価額になってないこともあり得ると。

川崎 例えば、2日後に棚卸しをしたら、その時点で仕入れが発生していて、仕入れ金額が低ければ当然棚卸しは少なくなってきますよね。

今仲 そういうことですね。

川崎 そういうのが結構盲点です。会社によっては棚卸しの担当が分けられていますから、実際に棚卸しする人とそれを数字的に拾い上げる人は自ずと変わってきます。そういうのは問題として出てきますよね。それと帳簿担当者にとっては、だれがどこの部分を棚卸ししたのかというのが、非常に重要です。ある1か所の棚卸しだけすっぽり漏れているというようなことも、過去にはありました。指示する人間と聞く人間の意思疎通がうまくいかなかったとか、特定の場所、預け在庫とか、いろんなこと…。

今仲 棚卸しの現場でどんなことが起こっているかということを数字にする時に、きちんと想定しながら数字に置くという作業を、棚卸しを最後に数字にする人は意識してもらわないといけないということですね。

川崎 そうです。それと大事なのは、原票は必ず残しておくこと。残しておかないと、どうしてもなにか後ろめたいことがあるのではという、痛く

もない腹を探られるというのがありますね。

今仲 結構調査の時に棚卸し原票がなかったということはあったりするのですか?

川崎 ありますね。「なぜないのですか? そんなにかさばるものじゃないでしょう?」となってきて、数量計算始めたりしたら、何もなくても調査期間長くなっていきますよね。

今仲 なるほどね。三村先生、その辺りのところいかがですか?

三村 そうですね。棚卸しは一番問題が多いし、税務署側から見れば一番操作されやすいっていうんですかね、利益を増やしたり減らしたりね。一番調査がしやすいので、集中的に見られやすい項目だと思いますね。ですから、信ぴょう性を確保するために最低限、今も話に出ましたが、棚卸しをした原始記録は必ず、汚くてもいいから残しておく。あとね、商品のデッドストックは企業としてはダメなのでね。安易に評価減、あるいは廃棄したとかね。棚卸しから外したいというのは、だれでも考えることですから。そのときもできるだけ慎重にというか、証拠は必ず残す。それから、評価減については認められる理由が限られていますので、はっきりさせておく。調査で指摘を受ければ、必ずしもガチガチの取扱いではないと思いますので、その辺は十分事実を確認できる資料を残しておきたいです。

川崎 調査能力のある人ほど、評価減をすごく問題にする人が多いですね。

今仲 今の話でいうと商品にもよりますよね。流行商品を扱っている企業と、いわゆる定番で繰り返しずっと売れるというものとでは、取扱いが異なる。十分使えるけれども商品としては売れないものについて、廃棄をするというのは当然あると思うのですが、物理的に廃棄だけしてしまったらその証拠が残らない、ということをおっしゃっているのですよね。

三村 そうですね。それが意外と多いですね。

今仲 具体的にそれはどういうふうな証拠を残しておけばいいのですか？

三村 産廃として処理する業者からの証明書や請求書、公的な文書があれば文書、現場の写真が撮れれば写真というような証拠が必要ですね。

進 物の在庫の話をさせていただくと、やっぱり評価減。もめるんですよ。これ税務署が見たら新しい商品という話になるのですが、業者さんにしたらそうじゃないと。もうこれ何年落ちで、流行遅れとかそういう説明をするのですが、なかなか説明を受けても信じられないという話になる。

川崎 どうしても会社側っていうのは保守的になりがちですよね。それを課税当局は排除しようとする。そこの線引きが問題になるというのはありますね。

今仲 進先生がおっしゃったのは、要は廃棄ということであればまだ証拠は作りやすいと。事実があるから。評価減の場合は、それができない。特に流行で売れ筋が変わってしまったものは売れなくなってしまっている。新品でも、本当にこれが売れるのかっていったら、売る側からすればそんなものもう次から次へと新しい商品が出ていて売れない。例えば中学生とか高校生向けのファッションバッグとかね、1年経ったら古いものはもう売れない。

川崎 調査する側からすれば、商品のことを知らないですよね、今現在、半年先、1年先を想定で言われても、それは1年先にしかわからないことでは？　っていうことになるのです。1年前に作ったものは今年どれだけ売れたかっていう過去の実績を提示できるようなのがあれば一番いいかもしれないですね。

進 物によりますよ。ファッション性のあるものだったら評価減でいい

ですけど、電気の部品、工事部品だと型があるので話の中で「この部品た
まに修理用に売れます」となったときには、評価減はできませんとなる。

今仲 そういうお客さんがいらっしゃったときには、「例えば半値以下で
もいいから見切り処分したらどうですか？ 処分できないのなら廃棄した
方がいいのでは？」と言います。売れたとしても5,000円で売っていた商
品が1,000円で売れるかどうかもわからない。それで5,000円で棚卸評価
して税金3割として1,500円の税金です。

川崎 調査の時に初めてその問題が吹きあがったときにね、過去のことで
すからなかなかそれを言い繕うっていうのは難しいですね。あらかじめ相
談されるとそれなりの理論武装ができるけれども、税務調査で指摘される
と対応が難しくなる。

進 モール店であれば、ワゴンセール、赤札用のコーナーとか販売場所
を設けていたら評価減ができるというのはあるのですがね。

今仲 小売店であれば可能ですが、製造業者や卸売業は難しいですね。

進 流行遅れで通常の値段では売れない説明ができる証拠を残してお
く。難しいが、必要ですね。

川崎 調査する側はそれがわからない。実績を積み上げて過去にこんな状
態だったと数字で資料を作成して、当然同じようなことが想定されるで
しょうという説明ができるだけの資料を準備することですね。

今仲 例えば廃棄をした実績を写真に残す、数量とか形がこういうふうに
変わってきていると、廃棄する時に廃棄するものと今最先端で売れている
ものと両方があれば、両方を写真に写しておくとか、それをちゃんと記録
に残しておくというふうなことを積みかさねていると、やりやすいという
ことですね。

進▸要は信ぴょう性の話ですね。

川崎▸産業廃棄物の処理にはお金がかかりますから、この時に産廃の費用が出ているのはこれの分だっていうような記録も必要でしょうね。

今仲▸三村先生、決算という視点で見たときの他の調査のポイントといえばどういうものがありますか？

三村▸税務調査という観点からいって、次に多いのが売上げ。翌期に繰り延べられていないか、という点ですね。

今仲▸期末に計上しなければならない売上げが翌期に売上げとして上がっているということが、結構あるものなのですか？

三村▸そうですね。2番目ぐらいに多いですかね。売上げの繰延べというのは。

川崎▸計上基準を勝手に解釈している会社ですね。

今仲▸なぜそんなことが起こるのか私にはちょっとよくわからないのですが。

川崎▸売る側と買う側がそれぞれの立場で、買う方は支払を先送りしたい、できるだけずらしたい。それを変に解釈して、検収基準っていうような言い方をする人もいますが、「検収印ってどこに押してあるのですか？」って言ったら、「いや、そんなものありません」と。検収でもなんでもないわけです。売上げ計上に支払基準なんていう基準はないですから。

今仲▸要は期末までに発送した時点で売上げ計上しなければならないのが、請求書に載る時点で売上げを上げている。発送基準じゃなくて。

川崎▸あるいは入金した時が売上げ。

今仲▸そんなことが!?

川崎▸いや、結構多いですよ。お金に変わらなかったら売上げと違うとい

う考え方です。

三村 例えば、期末に大量の仕入れが発生しているけれども、棚卸しには
そんなに上がってない。売れたのではないかと想像しますね。それも期末
にね。よく調べてみるとずれ込んでいる。例えば請求書は 20 日締めで請
求するから、決算がもし月末であれば、あと 10 日分ほどは個別に売上げを
拾い上げていかなければならない。それがいわゆる帳端です。その分が漏
れている場合がそこそこある。ただ、今はコンピューターで処理をしてい
ますので、納品の都度コンピューター入力していく体制をとっていれば、
月末でコンピューター集計すれば、まず間違いはないです。ということで
減ってきてはいます。しかし、いわゆる締め後の売上げ計上漏れというの
が多いですね。金額もそれなりに張ってくる。

今仲 調査では三村先生がおっしゃったように、期末直前の仕入れのデー
タを見て、その仕入れの大きな数字のものの品目がちゃんと棚卸しに載っ
ているかどうかをチェックするのですか。

三村 そうですね。関連付けながら税務調査というのは行われますので。

川崎 数量計算する人もいますね。

三村 大きな動きがある科目に目をつけて、特に期末で大きな動きがある
ものについてチェックする。それが一番調査しやすいですね。

進 棚卸しですけど、商品ではなく、建設工事とかの仕掛りの話があり
ますよね。そういう工事は原価と売上げを対応させて、仕掛りや売上げが
ちゃんと上がっているのかというところですね。

今仲 今、進先生がおっしゃったのは、建設業あるいは工事請負業とかそ
ういうところについて、工事は現場でドンドンやっている。だけど工事が
完成してから請求書を発行するので翌期以降に売上げが上がる。人件費と

か材料を使ったりとか経費は計上されているのに、それに対応する売上げが上がっていないということですね。

進 建設会社の規模にもよるのですが、中小企業の場合は基本的に完成基準による売上げ計上が一般的なのですが、特に下請業者の多くは、いわゆる出来高分を請求して売上げとしています。そういうところは、売上げに対応した材料、外注費、労務費や経費、それから出面から現場名を対比して比較的簡単に売上げや仕掛りのチェックができます。なので、建設業や製造業は決算の時は必ずこのような部分をチェックする必要がありますね。

税理士　進宗一

川崎 私が問題にしたのは現場の人間と経理の人間との認識の違い。というのは、往々にして数字は違ってきますよね。経理の人はよくわかっている。棚卸しにしても売上げにしてもいつの時点かわかっているけれども、現場の人の感覚っていうのは必ずしも一致していない。その感覚のずれっていうのが、数字に如実に出てきます。

今仲 業種によってもそういう意味では注意点は異なってくる。特に進先生がおっしゃった、建設業、あるいは工事請負業。こういうところについては、いわゆる「進行中の工事」の売上げをきちんと計上しておかないと、調査でそれが指摘されて修正申告にならざるを得ないというふうなことになるので、出面帳をしっかりと経理の人に渡して、そこで売上げに上がっていないものがあれば、それはきちんと売上げに上げるということをしておかなければならないということですね。

川崎 私は決算書の中に仮勘定がたくさんあるところというのは注目して

いましたね。

今仲 仮払金とか？

川崎 仮払金、仮受金。普通はあり得ないですよね。というのは、目的があってお金を出す。何らかの目的があってお金が入ってくるわけですから、仮勘定っていうのは一時的にはあるかもしれないけれども、それが決算期末でまだ残っているということは、期中にもたくさんあるから期末に残るのですね。それを消す作業の中で、おかしな処理がされたのではないかっていうのは、必ず確認するよう指示しました。

今仲 それってどんなものが出てくるのですか？

川崎 社長がその都度お金を持ち出していろんな経費を使うのですが忙しいから処理が後回しになる。たまってきたらなんとかこれを処理しないといけない。期末にはまだ処理されていない分が残っている。ところが、期中まで遡ったらおかしな経費に振り替わっていた。売上げに上げなければならないのが借受金になっていた。通常サイクルっていうのは１か月ですよね。それがたくさん残っているのはまずおかしい。

今仲 それって、結局は社長の経費で落ちない出金とか？

川崎 そういうのが出てくるでしょうね。うっかりしたら、それが仮勘定にならずに現金勘定のまま残っていたとかね（笑）。

今仲 三村先生、そのような例は調査の時には結構多かったですか。

三村 そうですね。ワンマンでやっておられるようなところはどうしてもね。そういうところが忙しければ精算も遅れがちになるのであろうし、どっちかというと経理が遅れがちになりやすい。決算の時にはその前にはそういったもろもろの未整理のところをきっちりと、仮勘定等は残さないように整理するのを決算前のちょっと早めにする必要がありますね。そう

しないとドンドン累積してしまうということです。それともう一つは、儲かったら税金が増えますのでね。それの対応も考えておく必要があるので、決算前にはそういったことも含めて、早めに検討していく必要がありますね。そのときに今いろいろ話に出た税務調査というのも意識しながらする必要があるかなと思います。

三村税理士、川崎税理士

4

架 空 人 件 費

今仲→今回は税務調査の項目の中で人件費を取り上げます。人件費といっても、調査のときに何から手を付けるかというところから始めまして、最後は役員給与まで話し合いたいと思います。税務調査で人件費に関する調査ということになると、一番最初は緑色の紙の源泉徴収簿のチェックから入るのだろうと思いますが、その辺から実務的な話をしていただければと思います。まずは進先生から。

進→中小企業ですと基本的に架空人件費ですね。勤務実態を確認するために、源泉徴収簿、給与台帳、出勤状況がわかるタイムカードや出勤簿を見ます。タイムカードがないことは結構あります。一番問題にするのは親族関係ですね（笑）。同族会社でしたら、そこを重点的に見ます。同族会社で、役員でない親族に対する給料で、記録がない場合が結構あるのです。

川崎→まだ学生だったというものもありますしね（笑）。

進→学生は明らかにアウトです。

今仲→なるほど。同族会社がほとんどですから、そうすると親族関係で給料を支払っているかどうかというのを見る。そこで、例えば学生も、学生

でない人も含めて、実態がないのに給料だけ支払っているケースがないかの確認をすると。

進 そこがまず第一ですね。

今仲 実際にどんなケースがありましたか？

川崎 本人に聞いたらよくわかる。そこまで細かく打ち合わせはしていないので、税務署の人が聞いたらこう答えようと思っていても、本人にそこまで打ち合わせしているかどうか。「給料いくらですか？」って聞いたら「え？ ええ…」とか（笑）。最近は振込みがほとんどでしょうけれども、現金の時には多かったですし、振込みにしても本人がその口座を管理していないで、親が管理している口座に勝手に給与だけが振り込まれている。使い方を見ればわかりますね。貯まる一方の給料だったりとか。

今仲 なるほど。通帳を見れば、ただただ入っているだけ。

川崎 そうです。生活感のある通帳なのか。給料だったら使うでしょう。

今仲 本人のものであれば本人の自由に使いますからね。自由に使えていない状態ということですね。その辺りで三村先生、面白い話あります？

三村 あまり危ないことはしないことに限ると思いますね。特に、相手のある話なので、例えば、「娘さんに非常に少額な給料を払っておられるけど、どうなんですか？」と聞くと、「当日は出勤していない」「ただ、いろいろ仕事はしている」と。「仕事した書類何かありますか？」と聞いたらそれもはっきりしない。そうなってくると実態をどんどん突っ込まれて、最終的にはよその社員で勤めていたとかね。非常にボロの出やすい分野なのであまり無茶はしないほうがいいですね。

今仲 当事務所の関与先でそんなことをしているところは全くありません。

進 意外と多いです。役員はともかく、多いのはやっぱり8万円までですね。源泉税のかからない、年間96万円のパターンです。さっき川崎先生がおっしゃったように本人に聞いたら「は？」というのもありますしね。

川崎 タイムカードでも、いろいろありますね。

進 タイムカードでも社長なり内部の従業員にタイムカードを押させるようにしているケースもあります。だから、同じ打刻時間、同じ退社時間というふうに、似通っているのです。

川崎 普段はそこにないのに調査の時だけタイムカードが置いてある。普段は社長とか身内の人間が、社員が出社して仕事に入った頃に押しているのですね。最初のうちは時間をずらしてやっていたのでしょう。だけどだんだんと横着になるというか、邪魔くさくなって。タイムカードをずらっと並べてみたら毎日同じ時刻にみんな手をつないで来てるのかな？　みたいなね。

三村 身内についつい甘くなってしまいますね。ただ、そうかといって、架空といえるのか、いわゆるグレーな部分もあります。仕事をしているけれども他の社員さんほどははっきりした分担を持たず雑用的なことをしている。だから証明がしづらいとかね。そういうふうにならないように、身内の人も従業員と同じようにタイムカードなどの証明資料はそろえておくと調査のときに困らない。強引な調査担当者は従業員に聞く人もいますよ。「社長の息子さんの顔を見ることありますか？」とか。

今仲 なるほど（笑）。従業員の人にね。

進 実際に我々が調査に出ている時も、社長のお母さんに給料を支払っている。社員に聞くと、「母は今日は調子が悪くて…、いつもは掃除をやっている」と。それで社長がいない時に、従業員に「社長のお母さんいつも

来てるみたいですが、何してるの？」と聞くと、「いやぁ…」と言うわけですよ。よく聞いたらずいぶん前から老人ホームに入っていると、そういうケースがありました。社長に確認すると笑いながら、「いやぁ」と。笑い事じゃないですから。

川崎 それが正しければそういう調査をされても問題がないんでしょうけどね。「働いていないお母さんに給料払うようにしていたんだって」とか、従業員から陰口を叩かれるようなことをしたら会社の将来に禍根を残しかねません。お母さんだったら自分の給料に上乗せして、多少税負担があってもそれで小遣いを渡してあげたらいいのではないですかね。

今仲 そうですね。今の話は同族関係の人の話ですが、第三者の架空給与というのもあり得ると思います。見つけたことがありますか？

川崎 300人ほどの架空人件費とか（笑）。

今仲 ええ？　300人？

川崎 応募してきた人の履歴書は使えるんですよ。

今仲 なるほど。

川崎 亡くなった人もいました。それこそ給料7万円、8万円の人たちを大量に載せていける。

今仲 それ、どうやって調べるんですか？

川崎 「本人に直接聞くよ」と。現場で聞いたらだいたいわかります。人件費中心の会社ってあるんですよね、費用のほとんどが人件費。「売上げ」対「人件費」みたいなね。原価を占める割合に差があると思うのですが、現場で聞いたら矛盾点は出てきますよね。みんなに周知してそんなに悪いことできるわけないですから（笑）。

進 第三者でも、身内でもそうですけど、だいたい支払っている額はラ

ウンドなのですよ。だから、実際に来ている方は細かい数字ですけども、そうでなければ例えば月8万円とか、6万円とか。私も一度不動産賃貸で、やけに人件費が多いケースがあって。賃貸物件を何棟も持っている。それで、一棟ごとに人件費がかかっているように装っていて。資料を出してもらったら、例えば一棟の掃除の人とか実際にいるのですね。ただ、そういう人は金額が少なくて、細かい数字まで全部書いてあるのですが、何人か、例えば5人いれば2人は実際の額で後の3人は5万円とか8万円とかの端数のない金額。マンションを退去した人の名前を勝手に使っていたわけです。それが何棟分もありました。

今仲▶元入居者の名前を使っていたわけですね。

進▶他の同業者に比べたら圧倒的に人件費が高いので調べるわけです。

今仲▶なるほど、それは見ればわかるのでしょうが、まずそこに目をつけますよね。

進▶それも見たらわかるので、「これ」と言ったら「いや、やってもらっている仕事の種類が違う」とか説明していたのですが。実際には行ってみないとわからないということで何か所か行きました。実際にいるのは2人程度で後はいないですね。

川崎▶背に腹は変えられないというのでやっている会社もあります。103万円の壁というのがあって、そこにいわゆる家族手当とかを合わせる会社があったりするのです。だから、そのような会社に勤めている会社員の方の奥さんが、パートで勤めていて年末になったら休もうとするのですが、休まれると困るのです。パートさんから「それなら私の妹の名前にして」とか言ってこられたら「はいはい」と安請け合いするでしょう。これ、名前を変えているだけで実際はそのパートさんに払っていることになるので

すよと説明をするでしょうけども、つまりこれは架空人件費の簿外給与なのです。それを調査の時に社内で指摘されたら、他の従業員への後々の影響がものすごく大きくなるということで、泣く泣くその部分を架空人件費でかぶった会社というのが何件もあります。その時は安易にやっていることです（笑）。

今仲▶なるほど、これはあり得るなというのはわかります。

川崎▶休んでもらったら困るのですね。慣れた人でないと具合が悪いし、年末忙しい時だし、無理を聞くしかないわけです。結局、一覧表にしたらわかるのですよ。何人も10月くらいで終わって、その後出てくる名前があるのですね。一覧表にしたらあっという間にわかるわけです。これは誰の分と、紐付きでね。

進▶それはありますね。

三村▶断れないのですね。

今仲▶10月まではまともに働いている人の名前で、11、12月は別の人になっていると（笑）。

三村▶それで、また1月になったら戻るのですね。それはわかりますよ。

今仲▶なるほどね。

川崎▶ただ、会社としてはそれを認めないと、影響が大きすぎるのですね。パートさんがみんな辞めてしまう危険性がある。私が行ったところで一番問題だったのは、パートの奥さんが真っ青になって、「私の主人に対する立場がなくなる」「どうしてくれるのよ」と泣きつかれた。銀行の支店長の奥さんだったのです。それで、他の人も騒ぎ出して。結局、架空人件費で泣く泣く会社が追徴税額を納めた。

今仲▶なるほど。つまりは本人のところに影響が及ばない範囲で課税処理

をする。

川崎 そうですね。

今仲 これって、重加算税ですよね？

川崎 重加算税です。

今仲 仮装隠蔽以外の何物でもないわけですから。

三村 源泉重加算税ですよね、本来は。

川崎 本来はね。ただ、源泉重加算税となると本人のところにどういうふうに影響が出るかというのが問題になってくるので。本来あるべきは、正規の人の名前のところに乗せて、上乗せの部分を…。

今仲 それで源泉が増える分の重加算税案件。

川崎 税額にするとわずかな金額なのです。

今仲 本来は。そんなことをすると一人ひとりのところに大変な迷惑がかかる。もともといけないけど、ご主人の方にまで影響が及ぶので、それをなんとかしてよという話になって、結局は事業のほうの人件費を否認すると。

三村 法人税の税率になってくる。

今仲 法人税で。そうするとそっちのほうが大きい。

川崎 大きいですよね。

今仲 それは雇っている側が、それをしなかったら人が辞めてしまうから、会社が法人税をたくさん払うことを重加算税も含めて呑むことによって、そっちをカバーしてもらうというか、なんとかしてもらうということで認めてもらう。

三村 そこら中にありますね。パートさんで対応するような業種はほとんどその問題を抱えていますね。全員がそうとは限らないと思うけど、どう

しても来てほしい人に頼まれると会社としては断れない。必要なので、会社にとっては気の毒なのですが。

川崎 時給の高い、年末にそれが超えそうな人ほど（笑）　慣れた人ほどそういう傾向があるのも事実なのですよね。

三村 それに似たような事例は、建設業で多いかな。源泉徴収をすると職人さんが来ない。そこは本来は給料なんだけど、外注する形にする。というのはまた違うのでね。それで、消費税の課税仕入れが増えて、職人さん本人は確定申告しない、会社は社会保険料を払わないで済ますことができる。だから、わかっていながら外注にしている。源泉徴収されるのを嫌がる社員さん、従業員さんが多い業種はどうしてもその可能性があるのでチェックします。

進 圧倒的に多いですね。それが一番もめる。会社がわかっているのですね。従業員から頼まれているというのがあって、「それをされると従業員がやめる」という会社が多いと思いますね。

今仲 中小企業にとっては、人件費のその問題というのは、やっぱりかなりの割合であると。

川崎 あるでしょうね。やはり人員の確保というのが大前提になってくるので、税金の問題はばれたらその時考えようと、後回しにするのですね。だけどその時はその時で大変なことになったなと思うのです。

今仲 パートさんのご主人の方への影響というのは、一つは会社からもらっている配偶者手当。

川崎 いわゆる家族手当ですね。

今仲 一人当たり 5,000 円とか 8,000 円とか。

川崎 それもあるし、立場の問題もあるところもあるし。そしてその上、

ご主人の方で配偶者控除もなくなる。こっちにも影響が出てくる。

今仲 そうですね。社会保険の問題も出てきますしね。そういうところを考えると、そこはいつまでもその状態でいくわけにはいかない問題ですからね。

川崎 わからなければそのままになって、何事もなかったということなのでしょうが、発覚したときに後悔するということなのでしょうね。

川崎 入り口でうやむやにしているとどこかの段階で後悔することになるわけですね。

今仲 当事務所ではお客様に対しては契約時にお話をして変えてもらいます。今までやってはいけない形でやっていて、税理士を変えたいということで当事務所に来られたときに、私どもはこれこれこうなので、こういうふうにしてもらわないといけないですよという話をします。というのも、必ず調査の時にそれが問題になって、相手の従業員の人もかえって困るということもあるので、そうならないようにするためにも、こういうやり方をするしかないですよというところで給料をちょっと上げて、適正な状態にするというようなことをやっていただくように指導した上で、税理士事務所を変わってもらうということをしています。

川崎税理士　　三村税理士　　　　　今仲所長

5

同族関係者給与

今仲 同族関係者の給与に絞って話を進めていきたいと思います。交際費という形にして家族の食費代を落としているというのが多いと思うのですが。

川崎 ファミレスでレシートじゃなくて「領収書ちょうだい」と言っている人がいますからね。「ええ!?」と思って見るのですけれども（笑）。

今仲 よく見ますね（笑）。

進 そうですよね。他には食品スーパーでとんでもない量を買って、会社の経費で処理している。食品スーパーで、明細を出してもらったら生活が全部見えるくらい（笑）。そういうところもありましたね。

進 最初はそうでもなかったのかもしれないけれども、だんだん慣れといいますかね、そういうふうにやってきたんだと思いますね。私の経験ではそういうのが目立っていた記憶がありますね。

川崎 昔よくあったのは、高校生までは出していなかったのに大学生になったとたんに息子の名前や娘の名前で給料を出す。大学生くらいになったらそこそこの小遣いを渡す必要があるのですが、家計から出すのは大変

だと妻から言われて、社長が「会社で出しておこう」「タイムカード1枚作っとけよ」とかいうのですね（笑）。

進 調査では、要は全く出勤していなかったら全部アウトでいいのですが、実際に来ているケースがある。しかも週に1回とか2回、親族だから当然単価が高いというのもわかりますし、実際に来ているけれども週に1回とか2回でその金額は多いとかというところのせめぎ合いはあります。

三村 役員にしておく。家族は常勤役員ということでね。

今仲 常勤役員にしていて、その給料が5万円とか8万円とか、10万円程度であればそれは問題にされることはない？

川崎 責任があるかどうかというのが大前提ですから、その責任の度合いを金額に換算したときに、そんなにきちっとしたことはいえないですね。責任の度合いというのは人それぞれですから、それが5万円だったらいいのか10万円だったらいいのか、30万円はダメなのですかといわれたら、ダメということは難しいですね。

今仲 そういう意味では、お母さんが高齢で75歳とか80歳でも役員をしていてほとんど来ていないというのがはっきりしている。だけど月8万円とか10万円、要はおばあちゃんに渡すお小遣い、それが会社から出ている。けれども役員になっていればちょっと判断が難しいですよね。

川崎 ただ、きちっと渡してもらっておいたほうがいいですね。本人に「もらってない」って言われたらね（笑）。

今仲 本人の手元にきちんといっているというのが前提ですね。

川崎 それは前提ですね。

進 決済も見ますからね、どういう支払をしているかとか。

今仲 もちろん調査をする場合には本人のところにいっているかどうかの

お金の流れを調査するということはありますね。

川崎 それによって全然違う。本人ではなく奥さんの口座に入っていると
か給料日にまとめて生活口座に入っていると、変だな？　ということにな
りますよね。だからもともと調査してほしくない相手に、義理の親もいて、
自分の親であっても金銭的なことは言ってほしくないのにそれを言われる
可能性があるということで、しかも止めようがないですからね。ましてや
後々お金のことでぎくしゃくするのも嫌でしょうしね。意外と調査する人
は考えませんから。真偽を確認したいというのが大前提で。

三村 同族のご家族の方は非常勤の役員さんにして、そんなに多額の報酬
を払わなければそう問題にすることはないとは思うのですが、例えばあま
りにも高齢であるとか、病院にいて業務ができないのではないかとか、老
人ホームに入っておられるとか、そういう状況は否認されやすいですね。
やはり、役員会なりを会社がやる場合には、議事録には必ず目を通しても
らって印鑑をもらうくらいは整えてもらって、調査の時にもめる要素にな
らないように注意が必要ですね。

川崎 あとは遠隔地ですかね。たまに親族でも、とんでもない遠隔地で、
非常勤役員で毎月給料を払っている。この調査の復命を聞く段階で担当者
に、「今調べて電話しなさい」、というのは何件も当たったことがあります。
後々その身内でもめるでしょうがね。「私の名前勝手に使ってるの？」と
いうようなことですね。

今仲 遠隔地の人でもお金をもらっていなかったら、それはどうしようも
ないですね。

川崎 最近だったら、ひょっとしたらそれの確認を取るために質問の根回
しをするかもしれないですね。以前だったら「最初はもらってないと言っ

てましたけれども、実はもらってました」と。身内のことですから話の裏を合わせられます。今は録取調書を作りますので嫌な思いをする可能性も出てきますね。わずかなことで親戚関係が気まずくなるというのはあり得ますね。

今仲 平成18年の会社法改正からですので10年以上になっていますが、定期同額給与ができてから、期末になってから後付けで役員給与を払うことが全くできなくなりました。それまではそんなケース、やっぱりあったのですか？

三村 ありましたね。決算をにらみながらね。源泉所得税の納期の特例を選択しているのなら半年は遡りますからね。

今仲 そんなことがあったから、通常の状態であれば定時株主総会、原則として決算月の翌々月の株主総会で決めた給料で1年間はずっと同額でいかないといけないという規定ができました。あくまでも定時株主総会での決議に基づき取締役会で各人の給料を決め、その金額でないと定期同額の給料として損金にはできないということになったわけです。利益調整のためではないけれどもいろいろな事情で給料を上げたり下げたりというふうなことがあり得るわけですから、定期同額給与になってから期中の役員給与の変更がしにくくなったので、我々としては、非常に実務がやりにくくなったと感じます。

川崎 結構もめた事案がありましたね。思惑が外れて給料を減らしたい、という相談はよくありました。

今仲 やっぱり給料を減額したいという話はあるでしょうね。

川崎 したいけれどもそれはダメだと先生に言われたのです、という相談は税務署によくあったみたいですね。

今仲 それは、リーマンショックみたいなことがあったらお金がないわけですからそんなの払ってられないわけですよ。現実の世界で、給料を決めた段階では順調にいけるだろうと思っていたのが突然、中小企業のことですからメインの取引先の売上げがどかんと減ったとか、それはリーマンショックがなくても起こりうる話なので、そういうところで現実、どうしようもないというか困り果てたという話はあるのでしょうね。

川崎 逆に、例えば従業員と同じように、やはり役員である自分たちもボーナスが欲しいという人たちが、給料として出しながらそれを会社にプールして年末に出していたのが役員賞与で否認されたという事案は過去にありますね。今は、事前確定届出給与として手続さえきちんとしておけば従業員と同じように年末に賞与を貰えるという利点も出てきたのは事実ですね。役員賞与をきちんと決議して届け出さえすれば、同じように喜びを分かち合えるという成果にもできるという。

進 10年くらい前は結構いい加減で、当たり前のようにそれまでどおり払っているところも結構ありましたね。知ってか知らずかわかりませんが、調査に行ったらそういうところがありました。

今仲 要は、規定が変わったのを知らないで、途中で給料の額を変えていたと。

進 税理士の先生が知らなかったのか、知っていてそうしたのか、なぜか知らないですけれども10年前くらいはそのようなものが結構ありましたね。

川崎 丸々問題にならなかったのが、問題になるようになったからね。

進 下げたら下げるのが何で悪いというところもありましたね（笑）。

三村 上げた方は上げた分を隠したりするだけで、下げた方はもともと安

いのに。

進 そう。被害は甚大でしたね。

三村 ただ、今はその辺の運用が緩やかになっていますね。経営が悪化して引き下げる場合の事情がちょっと広がっていますね。

今仲 そうですね。通達が途中で緩くなってきていますね。

川崎 厳格にやり過ぎたというのもあるかもしれませんね。

三村 そこまでいい出すと利益調整、課税所得を減らすという意味ですからね。利益調整を問題視すると思うのですが逆ですからね。やむを得ずに下げざるを得ないものまで課税してしまうのは。

川崎 税法自体が大法人も、零細、中小法人も皆同じ税法でくくっているところに事情にそぐわないところがありましたね。

今仲 それから建設業などは利益を出しておかなかったら公共団体の入札に参加できない。

川崎 経審の問題ね。

今仲 それから中小企業は、どうしても銀行からの借入れを考えたときにある程度利益を出しておかないと借入れをするのが難しいということもありますから、思っていた以上の売上げが上がらないのでこのままいったら赤字になりそうだとなると、それこそ利益調整とかそういう問題ではなくて現実の問題としてそうしておかないと借入れが難しい。つまりそれは会社の存続に関わるというような話でもあるわけで、それを役員給与で調整をしたいというニーズがあるのは間違いないですね。三村先生がおっしゃったとおりだと思います。

三村 あとは、目を付けられやすいので、そういう特別なときには、税理士さんなり専門的な知識を持った人に指摘された場合や、税務調査で指摘

された場合のことも想定しながら、きちんと理屈を説明できるようにしておくのは大切だと思います。

今仲 当事務所ではそういう相談を受けた場合、きちんと顛末書を書いて、役員会議を開いて、こうこうこういう事情なので下げるというふうなことで他の役員に協力を求めるとかですね。ただ、結果的には社員さんや役員さんはそんなふうにはいかないので、同族関係者の役員だけが下げたというような結果にしましたというふうなことをわかるようにしておくというのは、やっぱり大事ですね。それが、通達の運用の中で、急激な経営状態の変動の場合には認めるように運用されてきているということなので、そういったことをきちんと整備しておくのが条件だということですね。

川崎 個人の専従者給与もはっきりとした、厳しい調査がされれば危ないところはいくつもあるのではないかと私は思います。

今仲 なるほど。個人の専従者給与に関してもですか。

川崎 問題になってはないけれども、実際に問題にされたときには耐えられるのかな、という事業者が結構あります。

今仲 あるだろうなと思いますね。

川崎 だから、その問題意識だけは持っておいてもらわないと、突然、何を今から…、ということのないようにしておく必要がありますね。転ばぬ先の杖といいますかね。

今仲 専従者給与で問題になりやすいのは、一つは架空の専従者給与(笑)。本当の職業をきちんと持っているにもかかわらず、あるいはパートに出て行っているにもかかわらず専従者給与という形で奥さんに給与を払っているというケースがあります。これは専従者でないとダメなので、原則よそに働きに行っている人は専従者給与は取れないというルールになっている

わけです。

三村 そうですね。原則6か月以上で、年の中途で開業した場合や結婚した場合などは従事できる期間を通じて2分の1以上というのがあります。

今仲 2分の1以上というのは、あくまでも期間だけの話であって、よそに働きに行ったらダメです。

川崎 その期間は専従しなければならないのですか？

今仲 年間で専従しておかなければならないわけです。年間で専従するというのが原則なので、よそに働きに行ったら原則としてアウトなのです。

川崎 時間じゃなくて期間なのですよね。それと、あくまでも専従者給与も労働の対価なのですよね。対価性があるかどうかというのが前提になったら危ないところがいくつもありますよね。

今仲 それはおっしゃるとおりだと思いますね。実際に、個人のお医者さんで、医者の資格は持っていなくてもできる記帳や受付を奥さんがされているところは結構ありますね。夫婦ともに医師で一緒に働いている方もいますが、これは何の問題もないです。医師の資格を持っていなくても受付とかでずっと働いている。あるいは、子供さんが小さいので子育てをしながら空いた時間に記帳したりとか、そんなことをされている。これも専従者給与で何の問題もない。子育てしながらはダメだとかそういうことはないですから。ただ、あまりに暇なのでよそに働きに行っているという話は問題であるという話ですよね。これは、今、川崎先生がおっしゃったように、実際にしっかりと調査されると否認されるというケースもあるのでそこは注意をしておいていただきたい。

川崎 そうですね。注意は必ずしてほしいという気はしますね。今まで問題になっていないからいいのですよと安易に流してしまうと、いつの時点

で引き締められるかわからないですから。

今仲 おっしゃるとおりですね。

三村 もともと青色専従者給与の届け出がありますからね。届け出を忘れると全然認められません。

今仲 例えばお子さんが大学を出たけれども他に就職をしてないので働き出したというときに、小遣いのようにして月額5万円とかあげて、本当に働きに来ていて「払っている」というケースで、届け出を出していなかったとしたら、それは金額にかかわらずに事前に届け出を出さないといけません。

三村 数字の規程はないですからね。専従者である娘さんが今年結婚する予定だから今年はダメだろうということはなくて結婚するまで専従するのだったらその期間は大丈夫ですよね。

今仲 はい。それは問題ないです。

三村 途中で専従者でなくなるとか、新たに専従者にまたなる場合もまたあるのですかね？

今仲 ありますね。おっしゃったように、例えば3月に結婚しましたと、それで年の内の2分の1未満だからダメということはないわけでして、結婚したので、親族ではあるけれどもその時点で生計を一にしているわけではなくなったわけです。生計を一にしているから専従者給与の問題になるわけで、生計が別になったら問題ないわけですから。専従者給与というのはあくまでも生計を一が前提ですので、生計が別だったら個人であってもその人に給料を払うというのは通常の給与になりますのでね。その辺のところをきちんと理解することが必要です。生計を一にしている期間の中で半分以上と理解していただけたらいいと思いますね。

6

役 員 退 職 金

今仲 ▶ 今日は役員退職金です。よろしくお願いします。

三村 ▶ 法人税法第34条第2項、第4項それから法人税法施行令第70条の
うちの、第2号で、過大退職給与…。

今仲 ▶ 法人税基本通達9－2－32、役員の分掌変更等の場合の退職給与。
役員退職金で問題になるのは、完全に辞めた場合と、分掌変更で支給した
場合と、2つに分かれると思うのです。完全に辞めた場合は、まず最初は、
過大役員退職金の問題が出てくる。分掌変更で退職金支給の場合には、分
掌変更による退職金支給ができるかどうかの判断の問題が。次に、それが
過大かどうかという問題がある。

三村 ▶ 過大かどうかの判定は、退職した役員に対して支給した退職給与の
額が、その役員の業務に従事した期間、退職の事情、同業種・同規模法人
の支給の状況、等々に照らして、相当と認められる金額を超えると、過大
役員退職金として損金不算入です。実際には、平均功績倍率法などによっ
て相当の額を全算定しようという姿勢で、一般にも、ＴＫＣも、退職金の
支給データを公表しているし、民間のシンクタンクも出してる。以前は全

く世間相場がわからないような状況があったみたいですが、最近は、手を尽くせばわかる状況にありますね。法人税法施行令第70条第2号で規定しております。

今仲 一般に、我々が、具体的な数字でやっているのは、「最終報酬月額」×「従事年数」×「功績倍率」です。この功績倍率は大体3倍が妥当であろうといわれています。これは、課税庁の内部で、そういう、取決めみたいなものがあるのですか。

三村 私は直接それは見たことはありません。ただ、推測ですが国税局の法人課税課や国税庁でなんらかの方法で統計データは集めていると思います。一時期それを収集していたのは知っています。ただ見たことはないです。

進 そこまでの計算規定はないです。単に従事した期間についてはありますが、事情とか、類似法人の退職金の状況とか、その程度です。

今仲 先ほどおっしゃった、政令の文言しか法的には…。

進 ないです。

今仲 実務上は、先ほど申し上げた、算式が独り歩きしている。

川崎 それで出されたら、積極的に検討するという考え方は、極めて少ないです。揉めごとは、比較的避けようっていう…。

今仲 その3倍というのが…。

川崎 直前の給与の額というのがまず前提ですが、それに至るまでに、状況の変化がある場合には、それ以前のものを採用しても構わないとか。

進 例えば、半年前に高額な報酬だったけど、額が下がって最後の月はほとんどないとかいうこともありますし、逆もあります。最終月だけ高かったらそれで計算するのかっていう話です。

川崎▶ トータルで。

進▶ そういうのが、多いのは判例ですね。

三村▶ 積み重ねかな。審判所の裁決事例。その中で定着してきたんですね。それでこの間も、東京地裁で平均倍率の1.5倍まではいいとなった。それで皆喜んで、「これで幅が広がった」と思ったら、高裁がまた、バシッと切ったとかね。結構いろいろ、功績倍率というのは、問題になりやすいのですかね、判例が出てきてるから、税務署もやろうと思えば、統計も取れるし、やれないことはない。あまり度が過ぎると、怖い。3倍前後、4倍ぐらいまでは業績いかんでは十分、通るかなという感覚は持ってますけどね。

今仲▶ 基本的に、取締役会の内規を定めておくことが、必要だというのが前提だということでいいのですね。

川崎▶ 逆にいうと規定がないことを根拠に否認しようという動きはありますからね。

今仲▶ 取締役会の内規に、例えば代表取締役社長は3倍、専務は2.5倍、常務は2倍、平取は1.5倍というふうなことで、普通は文書化してます。内規として、まずきちんと取締役会で決められている。それを文書化していることが前提です。

川崎▶ それがないとか、逆にそれを超えるとかになったら、問題になりやすいのは事実ですね。役員退職金規定を決めていない会社は、結構多いのです。

今仲▶ 当事務所の関与先の場合には、事前にきちんと相談にのって、会社の取締役会で決めるときに、こういう案もありますよということをお見せをして、そこで独自に作ってもらっています。そのときに、5倍にしたい

とか、4倍にしたいみたいな話が出たら、「それ決めても否認されますよ」というご指導をしているのが、実態です。

川崎 逆にいうと、そういう基準があれば計算もできるし、会社の後の予定も立てやすいですね。なければ、そういう数字的なものが、頭にも描けない。それを超えたら問題になるということであれば、そんな無茶なこともできないなという、ブレーキにもなりますね。

今仲 裁決か判決で、例えば、平取だった時期が10年ありました。その時の最終報酬月額が、100万円です。常務取締役だった時期が10年ありました。その時の最終報酬月額は、150万円です。最後は代取で辞めました。その時は200万円です。という場合、それの累計で、それぞれ、内規のとおり計算したもので計算しなければいけないみたいな判決があって、これでないとダメだと思い込んでる人がいるように思うのですが、そんなのはどこにもないですよね。

進 ないと思います。その計算方法はそれはそれで合理的は合理的かもしれませんが。

橘 計算上は合理的でしょうけども…。

川崎 逆に金額的には、少ない。

橘 抑えられますね、はい。

今仲 それぞれの会社の事情によって、そういう方式でやるのも、ありかなとは私は思うのですが。潤沢に資金があり、できるだけ多くもらいたいなと思っている代表者の立場からすると、それでないとダメといわれたら困ります。

進 それは大丈夫。

今仲 あくまでも最終報酬月額で、取締役だった期間トータルを計算すれ

ばいいわけ。ところが、先ほど、進先生がおっしゃったように、最後の2か月ぐらいだけドカンと上げたというのを、そのまま持っていくのは、それはやっぱり問題ありですね。

川崎 絶対問題になりますね。待ってましたとばかりに。

今仲 だけど、難しくないですか。最後の2年とか3年だけかなり上がったって話だとすると、それまでは100万円とか150万円ぐらいでいきました。ところが、最後の2年間は月額で500万円払ってましたっていったら、それを全部でいくっていう話…。

川崎 当然1人だけじゃないでしょうね。会社の経営は1人でやってるわけじゃないから、他の人の報酬も同時に上げてくれたら。

今仲 もちろんそうです。だけど、ゴーンさんみたいなことがありますよね。やっぱり。

川崎 そういうのもあります。裏の分掌がいろいろ出てきてるから（笑）。

今仲 代取がゆったりしている会社の場合には、そういうこともありえるなと思ったりするので、その辺りどうなんでしょうね。最後の2年3年だけ500万円、それまでは150万円とか200万円ぐらいだった、みたいな話になったときに、それで、否認はあるのですか？

橘 でも最後の3年も続けておれば、そこを崩すのは難しいでしょう。極端に、直前の1か月だけ上げて、それに掛けるっていう、そんなのは否認です。

川崎 一つは、役員報酬を上げた時の理由付け。なんらかの書類は、あった方がいいですよね。それがないと、突然に、1人だけ上がったっていうことは、目に付きやすいし。当然組上に載って、いろいろ議論されて、しんどい思いをすることになる。それまでの準備として、あって然るべきだ

と思います。

今仲 要は、上げるというなら、その上げる理由をどこかにきちんと証拠として残しておくというか、経緯を書いておくことは必要。当事務所の場合には、添付書面を付けていますから、添付書面に書いておくと、一番有効ですね。

三村 今、定期同額というのが制定されていますから、期首の２、３か月辺りまでしか、報酬引上げは、なかなか理由付け上、難しくなりましたものね。そういう意味では、なかなか期末だけ上げるとか、そういうこともできないような制度になってます。

今仲 ただ、定時株主総会の後の取締役会で急激にドンと上げることはありえる話。

三村 避けた方がいいとは思います。

進 引き上げなくても、結果として、死亡退職金みたいに、今期はこれでやりましょうってグッと上げて、１か月後２か月後に亡くなるとかいうのもありますからね。そのとき、実質２か月分の引き上げた報酬をもって退職金の計算をするのか、という話もありますしね。

三村 過大の話につながっていくのではないかなと思います。職務の内容とか、その他、立ち入って税務調査を受けるおそれがあります。

今仲 当事務所関与先で、10億円っていうのがありました。あの時って、例の計算式で、10億円超えてたのですよね。３倍で計算して…。

三村 それをグンと下げているわけですか、実際には。

川崎 その範囲に収まった。

今仲 その範囲に収まっている金額だったと思います。10億円。

橘 退職金が10億円？

今仲 そうです。「最終報酬月額」×「従事年数」×「3倍」。創業社長だったのですが。

橘 年数も長いですしね。

今仲 創業時から代表取締役です。それで毎年、申告所得を数億円以上出すことが、ずっと続いてて。それで、計算したら、10億円になったんです。やっぱり10億円って聞くだけで怖いじゃないですか（笑）。それで、担当者と一緒に事前に所轄税務署に行って、財務がこうで、事実こういう月額をこれだけ取っていて、これが申告所得でということを、担当部門へ行って説明し、「大丈夫ですよね？」って言いに行ったこともあります。当然何も言ってくれませんでしたけど。

橘 大丈夫とも、ダメとも？

今仲 何も言ってくれなかったです（笑）。

川崎 ダメなら「ダメです」って言うけど。多分問題ないだろうなと思っても、自分1人で答えを出すことはできないでしょう。俎上に載ったときに、審理も含めたところでいろんな議論してやっているから、それを前もってすること自体が、組織として、無理なところがありますね。

進 事前の質問ですよね、あくまでも。

今仲 それは10億円払うと決定して払う直前に。

進 決まっていることを、税務署としては申告で、実際に支払があった事実で話に行けば、たぶん答えはしてくれると思うのですが。

橘 まだそれでも、調査しないと答えは出せないのでは？

三村 審理ではたぶん。

進 結局調査になるってことでしょ、そのときは。だから、こちらで確定したからって持って行っても、たぶん、答えは出してくれない。

今仲 結局その後調査はなかったのです。

進 だからよかった。

川崎 そういう相談があったという記録はたぶん残ったと思います。

三村 高額の役員報酬を取って、別に10億円ならダメという基準はないですからね。それから審理はしたと思います。これは否認できないと。ですから、金額の多寡ではないということですかね。

今仲 私たちが一番気になったのは、同業種、同業他社の平均値みたいなものがあるじゃないですか。それからいったら高額すぎて出てくるわけないというのがあったものですから。怖いよなと。

進 過大退職金は同業種法人との比較だけでなく、その会社のその役員に相当かどうかを判定すればいいもので、同業種法人との比較もその中の一つですから。当然合理的に相当とする額の算出方法でいいと思います。

橘 役員報酬も大きいですし、それだけ、10億円を払えるだけの会社に作り上げたという功績ですからね。平均が1億円のところ10倍出してる、それではないと思いますけどね。

今仲 別に銀行から借り入れなくても払えた。

三村 10億円も払えば、例えば利益調整だとか、節税じゃないかといわれても、逆に、30％の法人税率をクリアするために、所得税の税率がその倍近くなのでね。ですから明らかに利益調整でとか、そういう動機は、まず当たらないですね。

今仲 欠損金の繰越しが1年か2年で終わったと思うのです。それぐらい、申告所得がすごく出ている会社なのです。

川崎 1年にしろ2年にしろ欠損金があるのは、金融機関とかに、それなりの説明がいりますよね。税務問題だけじゃなくてね。銀行相手なしで、

やっていける会社ってそうそうあるわけではないでしょうから。

今仲 過大役員退職金に関してはそんなところですかね。

川崎 昔あった事案で、税務調査があって相当な否認金額が出た会社で、役員全員が退陣するということで、退職金を何十億と出そうとした。税務署に打診したら、今は答えは出せないけれども、たぶん問題になるのでは…ということで、正確なことまではわかりませんが半分ぐらいに減らして、総退陣したっていう話は聞いたことがあります。

今仲 会社の役員全員が…。

進 退職金の項目で、一番は、時期の話。退職金を計上した時期が正当かどうか、そこ一番に見ますよね。ですから、一般的にはお給料が下がったとか、勤務状況、分掌の変更や参画状況を本当に決めたのかとか、支給の決定がいつあったかとかいうところも見ます。過去の調査であったのが、利益が出たから、遡って計上していた。決算の後で。

今仲 決算の後で?

進 決算が終わって、利益が多く出たので、この際にということで。要は後で書類を作っていますから。全部後付けになっている。そこをまず、ごまかして。

今仲 なるほど。

進 厳しいは厳しいですけどね。いずれ、退職は間違いないでしょうけど、1期ずれるか、2期ずれるかの話。それ以降に退職金が出る機会があるのかどうかが一つあると思うのです。退職金が出た、出ている事実は変えられないわけですから。そのお金は何ですかということになる。そうしたら、早いですよっていう結論が出せればいいけども。それは退職金ではないのだとなると、これ賞与にしかならないのです。だから役員給与の損

金不算入です。そうしたらその後に退職金が出ないという、議事録がある
のであればどうしても課税に消極的にならざるをえないですよね。それを
賞与と認定してしまったら、退職金をもらえないまま、終わってしまうわ
けです。それなりの貢献度があれば。何がしかの退職金ってあるはずです
よね。それを全部賞与にしてしまったら、可哀相だなというのがまずあっ
て、不自然でもある。

今仲▶決算日の後に臨時株主総会を開いて退職金の決議をしました。決議
をしたら当然決議のあった事業年度に、一時に払うのが原則、ですよね。
それ、遡って、払うってことは、これはありえない話ですね。

進▶退職金に関してはいわゆる利益調整ですよ。

川崎▶話は少し違いますが、日産のＣＥＯへの後払いも、事実でしたら利
益調整、退職金ではなくて、報酬。確定していれば賞与扱いになるのでは。
未払いは認めていますからね。何回かに分けて払う。

今仲▶未払いの話、もう一度確認しますが、未払いはもともと規定上、未
払い経費として構わない。

川崎▶構わないです。現実問題、お金を用意しているところが果たしてあ
るのか、現実の問題がありますね。それだけのために、銀行が貸してくれ
るか、必ずしも資金がない。だから何回かに分けて、それも、手続をきちっ
とすれば認められるのは、過去からあります。

今仲▶これは法人税基本通達９－２－28にあり、損金の算入時期は、株主
総会の決議で具体的に確定した事業年度です。ただし、法人が支払った場
合には、支払った事業年度について、損金算入した場合にこれを認める。
もう一つの問題は、役員の分掌変更による退職給与の支給ですね。これは、
役員を完全に辞めたのではなくて、代取を辞めました。だけど、取締役に

は残っているときに、法人税基本通達9－2－32で、その分掌変更等により、役員としての地位又は職務の内容が激変し、実質的に退職したと同様の事情にあると認められるものである場合には、これを退職金として取り扱うことができる。その条件の一つ目が、常勤役員が非常勤役員になったこと。二つ目が、取締役が監査役になったこと。三つ目が、分掌変更等の後におけるその役員の給料の激減、おおむね50％以上減少したこと。この三つのどれかに当たったら、これは分掌変更で、その時点で退職金を支給してよろしい、となっています。

　平成30年に特例事業承継税制ができて、退職金を支給し、評価の下がった株を後継者に渡します。渡した時に贈与税かかるけれども、その贈与税については全額、納税が猶予されますよという制度になりました。当然贈与する時の株価を下げた方が有利なので、「退職しました」「退職して、退職金取りました」「取った後に株を贈与しました」であったら、評価をドンと下げられる。下がった状態の評価額がそのまま相続の時の評価額になるので、メリットが大きいので、これを活用したい。ところが、後継者の経営力についてまだ不安なため、先代は、取締役で残っておくということで、給料は半額以下にして取締役に残った退職金を、例えば5億円とか3億円とか取って、評価下げて株を贈与する、という例が、これからたぶん頻発してくると思うんです。そうなったときに、この、法人税基本通達9－2－32の分掌変更で、損金算入、退職金支給して、その後退職した。ところがそれが否認されると、当然否認されたら、法人税はドカンと上がる。それにつれて、株価評価も上がる。と、贈与税の納税猶予税額も上がる。相続の時に、相続税が上がる。こういう話になるので、この辺りはよっぽど、注意をしなければならないという話だと思うのです。過去にそんな事例っ

てありました？

進 私は特にないですね。一部の話はありましたけど。

今仲 あまりそういう例はない。

橘 でも、やはりありますね。実質はまだ、社長のように、周りは呼んでいると。ただ登記的には代表は外れてますけども、「社長、社長」と。取引先にも社長という形で。

川崎 代表取締役外れました。後継者が誰々ですということを、いついつ銀行報告に行った、あるいは、主要な得意先に行ったことは、ハッキリと。それを何もなしで、書類だけで、登記だけでやっているというから、調査の時には過去の問題ですから。

三村 経営上で、主要な地位を占めている。だからほぼ代表者に近いっていう。実質、代表取締役だった社長から、平取になった場合には退職です。

進 今おっしゃった、対外的に、中では当然、平に落ちているのですが、対外的には「社長、社長」とか、得意先がわからずに社長といって取引を行っているところは、どうなのですか。

三村 それは私はたぶん、創業社長なんか特にそうですけど、やっぱり向こうは、ずっと社長として待遇してきた人をいきなり、辞めたから呼び名を変えるとか、儀礼上の問題がありますよね。で、実際そうなのかというのは分けて考えればいいんじゃないかと思います。従業員もいつまでも、元社長やったら「社長、社長」っていいますね。

川崎 代表取締役の名刺でまだあいさつ回りしていたら具合悪いよね。

進 社長交代・退任あいさつのはがきはありますけどね。得意先に出しているのを、証拠として付けているところ。

川崎 一つの手段ではあるでしょう。大きな。

橘 対外的にも通知してますよという。

今仲 通達の文言として、「役員としての地位又は職務の内容が激変し、実質的に退職したと同様の事情にあると認められること」といういい方ですから、まさにそれが、外形的にも、実際にやっている行動も、全てそうなっているかどうかは、チェックします、という話なのでしょうね。それは、今、橘先生がおっしゃったように、「社長、社長」って皆がいっているという話になると、それが一つは崩れる要素になるのではないかということもいえるかもしれないけれど、社長といっているものの、実際には社長の仕事は何もやっていませんよと。そういう実態があれば、それはいいのではないですかということもいえるのですよね。

川崎 実態を説明できるだけの資料は、ずっと積み重ねていく。後になってくると、なかなか、忘れているものもあるし、その時は、自分はわかっていても、それが1年後に言われた時にどうだったかなっていうことに、なりかねないですね。

今仲 私どもの関与先ではないお客様で、決算申告を、別の先生がやっていて、当事務所は、その関連会社で、決算申告に関与していました。その会社で代表取締役が退職して退職金を支給しました。税務調査があって否認された、ということで、当事務所にいってきた、という事案がありました。その時に、川崎先生、三村先生に助けていただいて、いろんな書類を作って、対応した事例がありましたけれども。あの時って、課税庁は、何を根拠にしていたのでした？

川崎 まず、登記だね。

三村 5月決算で、翌期の初日に代表者を外す登記をしていた。

今仲 6月1日。

三村 はい。まず、決算期が終わった年度では、退職していなかったのではないかと。それでまず疑問を持った。それから登記の日は、それが法律上、否認の根拠には使えないのですが。登記はあくまでも登記、第三者対抗に過ぎないので。効力を持つのはあくまで、決議があった日とか、本人が辞任した日ですけど、国税局は登記をすぐ見ますのでね。疑いを持って。

今仲 それがきっかけになった。

三村 はい。そうしたらどんな仕事をしているのだろうかということで見ていくと、いろんな会議資料、結構綿密な会議資料がありましたので。

川崎 幹部を集めた会議で、指令をした。

今仲 取締役会議事録ではない。

三村 はい。営業所長会議。そこで、あいさつの順番が、代表者から下りたのに、まず一番にあいさつしているとか、皆に発破をかけているみたいな内容で、重要な経営方針の決定とか、執行に関与しているんじゃないかという疑いを持ったのです。

川崎 その中に、「今後の方針は、あなた方で決めてくださいよ」というのが８月ぐらいの議事録に出てきた。

三村 それを、どう説明しようかなという相談も受けまして。それに対して回答もしたのです、会社の方から相談を受けまして。指摘を受けているので、どう説明しようかということになったのと、これなら実権を握っているといわれるのだろうかとか、その辺りの対応で、確かにギリギリのところで、なかなか回答も苦しかったのですが。それからオーナー社長は退任といっても、なかなか雇われと違って、明日から来ませんというわけにはいかないので、分掌変更で認めてもらおうとすると非常に、ハードルが高い。事業を自分に変わって遂行できる人がまず、いるかどうかというと

ころ。それをきちっと手続を踏んでいるか、というところをまず固めてお

かないと、非常に、税務調査において厳しい指摘を受けるおそれがある。

この事案では結果的にはいろいろ防戦に努めまして、否認されることはな

かったのですが。それなりに、きっちり、組織もできあがって、対外的に

もきちんと発表して、それも、数年前から、長期に渡って準備していた。

国税局側も、否認は無理と。ただ1年以上かかりました。

川崎 ► その内容、三村先生と私たちで、いろんなことを聞き出して、文書

にまとめて出すまで、調査官は知らなかったのです。というのは当事者に

は会ってない。

今仲 ► 税務調査官が、会ってない？

川崎 ► その登記の関係と、部課長会議の資料で、これでいけると思ったの

でしょうね。ちょっと、退職金の問題を詰めるにしては、詰め方が拙かっ

た。これは審理にも上げられないなという印象は持っていました。

今仲 ► あそこは第三者の方が社長に就任した。創業家の息子さんも会社の

中に入っていて、その当時は平取だった。息子さんがいらっしゃる中で、

第三者にいったん、中継ぎをしてもらう。中継ぎをしてもらうことが、形

だけの中継ぎじゃなかったですよね。

川崎 ► なかったですね。

今仲 ► 完全に経営を任せる。

川崎 ► 一生懸命、自分なりの発言もし、やっていこうとしていた。

今仲 ► 私の記憶にあるのは、最後の詰めの時に、毎年作っている経営計画

書、経営方針書。それを退職する半年前の段階で、次期社長が全部作って

いたという証拠が見つかった。あれって結構大きかったですよね。今回の

ケースでも、要は証拠書類をしっかりと、後で問題にならないように整理

しておくことさえしておけば、何の問題もなかった話で。少なくとも、6月1日に登記するなんてことをしなかったら。

三村 あれさえなければ、会社の規模、業績、代表者の経歴、退職金の額、これもう何の不審もなしに、「ご苦労様でした」といって終わっていたような退職金です。

川崎 地元では名士ですよね。移動図書館を寄贈してみたりとか。

今仲 それをもともと、税務当局の立場としては、調査先の選定というところで、まず退職金を見にきたと？　決算や申告内容は関係なしに…。

三村 そうでしょうね。国税局の調査部成りなんです。署から調査部の所管になった。

進 一応、全ての科目を見ようとしていたのか。そもそも調査に長い期間かかりましたよね。

川崎 いや、調査部成りですからね。新しい事案はみんな、ある程度日数をかけてでも、きちっと見ておこうという。

三村 準備調査を選定していると登記簿を取りますね。代表者が退任したら。それが、「6月1日だ」と思ったのですね。それが、決算翌期の登記じゃないかっていったら、私らでもまずそれはチェックする。

進 確かに。

川崎 他にいくつか否認項目があったのですが、時期がずれて、切り捨ててこれだけが最後の問題になって。

三村 進行年度に入ったから。無事ことなきを得たのですが。最終的には審査請求、訴訟も辞さないということで。さる税務訴訟では非常に有名な、日本でも指折りの先生らしいですけどね。この間も、有名な大学の先生の話、出てましたけどね。そういう人を手配せざるをえないようなところま

で、きていましたので。税務訴訟になると、とても税理士の手に負えない。準備書面であるとか、訴訟上の駆引きを間違えば、完全に勝てるものも、負けてしまうこともある。その先生が税務訴訟に強いのは、非常に、訴訟の回し方が上手なんです。

川崎 今仲先生が、話しをしてきたのです。

今仲 中央大学でTKCが、クレセントアカデミーという講座を設けて15年以上続けているのです。私はその責任者をしているものですから。そこに、そういう方を、教授で招いていて、その人は弁護士なのですが。その人と親しくしてたものですから。頼むのならこの人だなと。だいぶ詰めましたけど。

川崎 そうですよね。わかりましたと言って、応諾されたのですよね。

今仲 先ほど申し上げたように、特例事業承継税制ができて、先代経営者の株を後継者に渡す。それがまた、2018年からの10年間に限定されています。今はそうでもないかもしれませんが、ギリギリになったらそういうケースが出てくる可能性があると思うのです。これを安易に使う人が出てくる可能性があるなと思っています。そういう視点からもしっかりと、証拠書類を作るというか、揃えておく。事実関係がきちんとわかるように。何の問題にもならないように準備をしておくことが大事なこと、これが役員退職金に限らず、我々が税務を進めていく日常の、原理原則ですけど。なかなか、そういうところが、やりきれていない実状があるのですよね。調査に行かれていたり、先生方からすると、そういうのはたくさん見ておられると思うので（笑）。

進 何回も同じ話になりますが、税務署側で調査に行くというのは、当然、調査先の選定というのがあります。そうすると、中身を見ていく中で、

例えば、通常の金額以上に退職金が出ているということがあれば、選定対象になりますよ。調査に行く理由にはなりますので。AとBがあって、Bに出ていたら当然そっちに行きますね。そういったときに、当然、証拠というか、客観的に見て、きれいに段取り組んで、きれいに出していて、何も問題がなければいいわけですよね。そこのところですね。きっちり、書類を揃えて、適正に、証拠を残しておく。

[今仲] そういうことを日常的に積み上げていって、添付書面にもきちんと書いておくことが、会社を守る、我々税理士の役割というふうにもいえるのですよね。

(左から) 今仲所長、進税理士、橘税理士、川崎税理士、三村税理士

7

従業員の横領・貯蔵品

今仲 今回は、従業員の横領に関する税務処理についてお願いします。当事務所のお客様でも、税務調査の時に従業員が横領していた事実がわかったということが、開業35年目ですが、2回ほどありました。そういう意味ではあまり多くないのかなとは思うのですが。先生方、税務調査に行かれていて、そういうことに、当たったようなことはありましたでしょうか?

川崎 数千万単位で4、5件ありますよ、私の経験で。

今仲 数千万単位で4、5件!?

川崎 調査の途中で、逃げてしまったとかね(笑)。経理の部長と、部下の女性社員がね。調査の日の昼休みに車で出かけて、行方不明になったのです。

　休日前に引き出して、競馬場へ行っていたみたい。100万円単位で賭けていたといいますから。それだけなら損益には影響しないのですね。その辻褄を合わせるために、集計違算で売上げを減らしてみたり、経費を水増し、仕入れを水増し。調査に行った時には現金出納帳がなかった。現金で引き出す作業と仕訳だけはしていますから、現金出納帳を作ると、現金残

が相当に多くなるのです。それを合わせるために、一生懸命集計違算をや
るわけです。出納帳がないっていうから、なぜかという話を午前中してい
たのですが、昼頃に本人たちは逃げてしまった。

今仲 それって、社内で誰もわからなかったのですかね。

川崎 あとあとの話では、その女性社員が、同僚に「怖い」と話していた
みたいです。休みのたびに一緒に連れて行かれて、競馬で賭けるわけです。
だから「怖い」と話していたというのは、後になってしか聞こえてこない
のです。調査日が、ちょうど給料の支給日だったのですが、逃げた女性社
員が若い男性社員に電話をかけてきて、コソッと。「自分のロッカーにこ
れこれ入ってるから持って来て」って。その男性社員は怖くなって、すぐ
に社長のところに飛んで行って。何も持たずに、慌てて飛び出して行った
のでしょうね。要するにハンドバックも持たずに。後日、２人は戻ってき
ましたが、すったもんだありました。途中で調査が一時中断しかけたので
すが、結局社長が、自分が責任を取るといって、自分で自宅を担保にして
銀行からお金を借りて会社に入れた。一切表に出せないって。出したら取
引先の信用不安が起こる、それが一番怖いっていって。表沙汰にしないか
ら、当然会社の収益として計上しなければならないということで、処理を
進めていきました。

今仲 ということは、横領された金額に相当する金額を、社長が個人のお
金で会社に入れた？

川崎 会社に入れた。

今仲 入れるけど、それってだけどお金が不足した分を入れただけ、とい
うことは貸付けでも何でもないのですよね。

川崎 いや、不足した分は関係ないですから、調査の段階で。損益で、漏

れていた分を、とにかく入れてくれと。事前通知した段階で現金出納帳を作りかけていたらしいですが、間に合わなかった。間に合わないも何も、できようがないですけどね。

進 経理部長への賞与か何かで処理するのですか？

川崎 そういうふうにできない。経理部長には違いないけれども完全に従業員の行為ですから。社長から会社への貸付金にして、入れさせた。それが精一杯です。

進 税務上の増差って、出てこないのでは？

川崎 出てくる。集計違算で、売上げを減らしたり、仕入れを水増ししたり。経費を総額で水増ししたり。何を水増しとかじゃないのです。トータルで水増しをする。

今仲 要は、売上げを除外していたか、経費を水増ししていた。だから、その分の修正申告をする。

進 過去の調査で何件かはあります。例えば、自動車販売業で中古、下取り車を計上せずに、そのまま横流しするというのもありました。横領です。

今仲 他の先生方はいかがですか。

川崎 総じていえるのは、社長が、経理に疎い人のところが多いです。任せっきり。私が知っている限りでは、みんなそれです。印鑑まで預けている。それから、食品の小売店でこういうことがありました。中央市場へ行ったら、納品書とかが、落ちたりして汚れるのです。水をしょっちゅう撒いてるところですから。これに対応するために白紙の納品書が表に置いてあったのです。それをもらってくるわけです。そこで仕入れを計上して、別のところに架空の預金口座を作って、そこにお金を振り込ませて、

会社から仕入れの水増しをする。架空仕入れを起こしているわけです。そういうふうにして社長の義理の弟が、自分の嫁に同じ食品の小売をやらせていた。それが発覚した時点で、自宅まで行ったところ社長は印刷屋に頼んで、「この者は当社と今後関係ありません」っていう文章を一晩かけて印刷してもらって、翌日に出したらしいんです。一晩寝ずに。

今仲 ▶ そこの取引先全部に、出したのですか？

川崎 ▶ 全部に出した。あとで反面調査に行った取引先の人に、「何かあったのですか？」って聞かれて、返事のしようがなかったのを覚えています。

今仲 ▶ 送られて来たところは、「何があったの？」と思いますよね。

川崎 ▶ 噂になっていました、周囲で。

今仲 ▶ そこは、社長の信用に関わる話ですよね。

川崎 ▶ 後で聞いた話では、その日のうちに義弟を叩き出した。義弟は東北方面に行って、どこかの旅館に住み込んでいるらしいとか。「落ち着いたら呼び戻してやろうとは思っているけど、まだ、周りが騒がしいので、それもできない」とはいってました。

今仲 ▶ 三村先生はいかがですか。

三村 ▶ 何件かありますね。一つはタクシー会社です。相当前ですが、まだ当時は、タクシー無線がそれほど広まっていないような時代で、特に乗務員の、労務管理が非常に重要な時代でした。ほっとけば遊んでしまう。そこでヘッドハンティングで労務管理に長けた総務部長にきてもらって労務管理をさせていたのですが、調査の時に、源泉徴収した運転手の給料と元帳に記帳された給料が合わない。源泉徴収された金額が非常に少ない。となると、「嘘では？ 架空だろ？」と言うと、「実はこういうのがあります」ということで出してきたのが、「マル秘」という書類。結果的には総務部長

が辻褄を合わせをしようとして作ったということから使い込みがわかった。

今仲 結局は架空人件費。

三村 それからタクシー会社は結局立ち会いも、全部総務部長。役員が出てこないのです。結局役員が知らないところで全てが進むから、税務調査でもなんとか言いくるめようと思っていたのでしょう。任せっきりは怖いというのは一つあります。

進 全く一緒ですね。任せっきり。

川崎 人件費は役員、特に社長などは見ないですね。私の経験の中で調査に行って、「毎月の一覧表がありません」というところがありました。しかたないから、一生懸命、私が自分で作りました。そうしたら、給与総額できっちりした、ラウンド数字で、差が出てくるんです。ずっと遡ると最初は5万円からスタートして、多くなってきたら月30万円ぐらいになっている。結局、話を聞くと、自分の小遣い欲しさにやっていて、一覧表を置いていたらバレるんで、一覧表は捨ててしまった。人件費関係の資料の提示を求めたら給与台帳を出してくるから、「毎月の一覧表を出して」といったら「いや、いらないから処分してます」って。これはおかしいなっていうのはわかります。会社の役員ってそんなもの見ないですよね。人数が多くなると、トータルで月々20万や30万変わっていてもわからない。だからだんだんとエスカレートしていった。3年も5年も続けているわけですからトータルすると結構大きな金額になっていました。

今仲 三村先生の事案というのは、何がきっかけでわかったのですか。

三村 人件費を払えば、給与からは源泉徴収で税務署に納税しなければならない。納付税額と帳簿で支給された金額を、税務署は必ず合わせます。

辻褄が合う資料が出せなかったので「マル秘」として自分で勝手に作った資料を出してきた。ただ、あまりにも労務担当者を信頼しすぎて、足元すくわれた事例ですね。

今仲 それも結局はその人が全部やっていたのですよね。

三村 そうですね、全部。ですから結構現金の、毎月の水揚げの現金を帳尻合わせるために操作したり、入れ替えしたりなにかといろんなことをやっていました。

今仲 他には。

三村 これは使い込みといえるかどうかちょっとわからないのですが。さっきも食品小売店の話が出ましたが、2、3店舗を経営する家族経営のスーパーマーケットで経理とかレジの使用人もいる法人です。私は給与の振込みなども時々見るのですが、そうすると、お父さんが社長で、息子夫婦が役員なのですが、給与をそんなに多くはもらっていないのです。しかも、給与が自分の口座に入ってきたら、たぶん手付かずで、毎月そのままずっと残っていた。「あなたたちどうやって生活してるの？　食費もかかるだろうに」という話から、実は一族揃って全部スーパーマーケットの食品で生活していたということがありました。それは会社から見ると横領ですよね。

今仲 他人もたくさん雇っているのでしょ？

三村 今みたいにPOSレジじゃないですから、わからないわけです。利幅は下がるでしょうけど（笑）。

今仲 それは横領（笑）。

三村 厳密にいえばそうですね。従業員が商品を盗ったら、横領になりますので。笑い話でした。

今仲 笑い話って、課税したんでしょ、当然。

三村 合わせましたよ。役員でしたから、当然。ただもう推計ですけどね。

今仲 それは役員報酬で。

三村 役員賞与でしょう。

今仲 そりゃそうですよね。

川崎 若い時に、「今、調査に行った先の人が来ているぞ」と言われて署長室へ呼ばれたことがあります。そこの店は、牛乳の配達をしていました。調査で、同業者に比べて利益率がかなり低かったので数量計算をしたら数が相当合わないことがわかって、日々の流れを確認すると、商品の持ち出しを自由にさせていたのです。それに乗じて番頭さんが自分で得意先を開拓して、それの集金を自分でやってポケットに入れていた。しかも、会社の寮としてアパートを借りて住ませていたのが、いつの間にかそこを引き払って、牛乳の配達で横領したお金で自宅を建てていたというのです。オーナーが自分たちの生活は非常に苦しかったと言っていました。ご主人が経営していた時分は、きちっと管理していたのでしょうが、奥さんが跡を継いでやる段階になって、持ち出し自由にしてしまったものだから、好きなだけ持って出て、自分で配達して自分でポケットに入れていたのですね（笑）。

今仲 それを長年に渡ってやっていた。

川崎 最初は、住む場所から世話しなければならないぐらいの人だったのが、だんだんと、力を付けて、番頭にまでなったのです。それが、社長が住んでいる家よりも立派な家に住んでいると、社長の娘さんが聞きつけて、配達の軽トラの後ろを何日も追いかけて回ったらしいのです。そうすると、売上げに上がってない先に配達しているのがわかった。軽トラの荷台

を見たら伝票がたくさん出てきた。ただ、他に配達できる人がいないのでクビにするのは大変だったらしいです。でも私たちの生活が楽になりましたといって、税務署に、お礼に来られたのでした。商品管理をきっちりやってたら、そんなことはなかったのです。

今仲 それは調査の時に、何がきっかけでわかったのですか。

川崎 牛乳配達屋さんって、何件もありますから。数字を比べたら「ここ絶対おかしい」と気づくわけです。それで後は数量計算。仕入れと売上げの数が毎日合わない、これおかしいということになった。

今仲 それはめちゃくちゃですね。

川崎 そういえば昔、衣料品の問屋街の調査で周囲を歩き回る機会があったのですが、何回も呼び止められて、声をかけられることがありました。「商品持ち出したんだけど、持って帰れないから、いくらでもいいから引き取ってくれないか」っていうのです。こっそり持ち出して、売って回っているわけです。4、5回声かけられましたね。本当かどうかわからないですよ。不良品を、そういう名目で売ろうとしていたのかもしれないですが、商品持出しは信ぴょう性あるなとは思いました。商品管理をきっちりしていたら、たぶん、あの辺りをウロウロしてる人間はいなかったでしょうね。私の同僚も何人も声をかけられて、「スーツを買った」っていう人までいました（笑）。

川崎 西日本全域で10店舗ほど展開する呉服店で、年度末に大量に、切手を買っているというのがありました。各店舗で、買っているようでした。ダイレクトメールを年に何回か発送するため、大量にいるとのことで、支店に調査に行った調査担当者がまず見つけたのです。ところが、10店舗ほどある中で、1店舗だけ現物が確認できなかったのです。「ない」と言うの

です。おかしいということで調べました。買うのは大量に100万円単位で買っていたのですが、そこの店長が、金券ショップで換金して自分のポケットに入れていたのです。会社としては、できるだけ、所得を抑えたいということで、そういう指示を出したのはいいのですが、後のチェックをしていなかったのです。店長をクビにするかどうかずいぶん悩んだみたいですが、結果は知りません。余計なことをしなかったら、犯罪者に近い人を出さずに済んだのでしょうが…。

今仲 橘先生は？

橘 細かい話ですが、経理担当１人に任せっきりなので、領収書の金額の前に１を付けたり、１を４とか、７にしたとか。

川崎 あるある（笑）。

橘 あとは調査部の時、ゼネコンに行ったのですが、まず調べるのは、経費の中で交際費になるものがないかということで、反面調査として下請け先にも行きました。よくあるのは工事原価の付け替え。儲からない工事の分を儲かる方に、穴埋めするからということで付け替えたり。そういうのはよくありました。結局、最終的に横領となってしまうと、私たち調査担当者の手から離れて、上の方で、別室で話しましょうということで処理されています。任せっきりと、権限のある人のところにお金が集まる、そういうケースはありました。

税理士　橘健二

川崎 管理をするのが一番重要なのでしょうね。任せっきりというのは、役員の怠慢です。それと、チェック機能があればいいわけです。当事務所

みたいに監査を毎月していると、それだけで、もうできませんよね。それが、ほったらかしになっている。いったんほったらかしにしてしまうと、なかなか管理の修正が難しくなってくる。それは、やはり「会計事務所から言われてるから」という理由を付けてでも、軌道修正する必要はあるのではないかと思います。企業の経営者にとっては、犯罪者を作ってしまう方が、問題でしょう。

今仲▶要は、ごまかすことができるような体制で経営をしていると、人間ですから弱いのでお金欲しいなと思うときに、ちょっと…。そこがきっかけになって。1回上手くいくと、2回目3回目になって。最初は金額が少なかったのが、だんだん金額が大きくなる。

川崎▶横着に、大胆になってくるのですよ。

今仲▶そういう意味でいうと、経営者側が、そういうことができない体制にしておく、仕組みにしておくことが犯罪者を生まないことになりますね。経理が1人だけの小さな会社って結構あります。そういうところの場合には、なかなか、会社の中に相互チェック機能を作るだけの余裕がない。そうすると、川崎先生がおっしゃったように、我々が巡回監査で毎月行って、チェックをすることだけで牽制になりますし、毎月きちんとチェックしていると、おかしなことがあったらおかしいと思いますから、そういう意味でいうと、経理の事務員が横領することができないようにする、一番簡単な方法が、会計事務所に巡回監査をしてもらうことになりますね。

川崎▶そばの机でチェックされていたら、そんなこととてもじゃないけど、やろうという考えが出てこないですよね。

今仲▶ただ会計事務所には2種類あって、毎月お客様の会社へ行って帳簿をチェックすることで仕事をしている事務所と、決算の時だけ帳簿をも

らって、お客様のところには行かないで処理をしている事務所と二つに分かれますので、そういう意味でいうと、年に1回だけやってる税理士事務所では、とてもじゃないけどそこまでチェックはきかないということになるのでしょうね。

　これは個人的な当事務所の話になってしまいますが、開業する時に、事務所のお金は一切触らないと決めました。だから最初からパートの社員を雇って、その人に経理を全部任せた。売上げがあったら、できるだけお金を自分で持たないように、振込みで事務所に入るようにしておくという形で、事務所経営を始めました。もちろん印鑑は、絶対に自分が持っておく。何か必要があったときには印鑑は必ず自分が押す。だけど、1人に任せるやり方をすると、これは、その人がブラックボックスになることがあるので、我々は事務所の中で、月次巡回監査、担当を決めて間違いがないかをチェックする仕組みにしたのです。経理部が2人3人になってやる仕事が何種類かあると、現金出納帳をチェックする人、お客様の電話応対をする人を、1週間とか、毎日の輪番制にして、同じ仕事を同じ人がずっと続けない仕組みにしたのです。

　会社経営をやっている上で、人が辞めるのは、普通に発生することです。1人に任せると、その人が辞めたら困るのです。輪番制で3人でやっていると、1人辞めても、2人残っていますから、それで上手く回していける、経営上のメリットも実はあります。

川崎 辞めるのもそうですけど、休まれたときにさっぱりわからないというのは困りますね。

今仲 実は会社の経理の仕組みとかは、原理原則みたいなものがあって、原理原則どおりにやっていると、不正も発生しにくいやり方を取るのが大

事なところかなと思います。この本を読んでいる人が、もし、そういうやり方でやっていなかったら、ぜひとも会計事務所は巡回監査をやるところに切り替えましょう（笑）。

川崎 確かにそれは、一番安上がりな牽制だと思います。

今仲 話を税務処理の具体的な話に進めたいのですが、患者さんが年間何千人とかいう歯医者さんで進先生に担当していただいた事案です。

進 診察台が10数台の大きいところです。

今仲 古い歯を治したときに歯に被せてある金属を取って新しいものに切り替える時に、古い金が大量に出てくる。それを溶かしただけですごいお金になる。また、そこには、専門の技工所がある。

進 外部と社内にもあるのです。

今仲 院内に専門の部所があって、そこで働く何人かのうちの1人が金歯の古いものとか、新しいものを横領していたという話です。税務調査の時にわかった。

進 そうです。歯医者さんの調査となれば、撤去冠については、院長先生が業者に売却して、決算上、雑収入に上げるのです。税務調査では、それが上がっているか上がっていないかを見ていくのです。上がっていない歯医者は、まず抜いてる。今のお話のところは、一応計上されているのです。規模が大きいですから、計上されている金額がそこそこありました。そこは疑っていなかった。ただ売却先の購入資料を見るとおかしい。「ないです」「上げています」という話になったのですが、具体的にいろいろ聞くと、2年前に辞めた従業員の名前で、売却されていた。

今仲 撤去冠を買っていたところの資料があった？

進 売却先の資料箋が、元従業員の氏名と住所なんです。従業員を調べ

ていったところ、勤務先はその歯医者さんだった。

今仲▷税務調査の時に、買っている側の資料が税務署にきていたと。それを見て、調査に来た時にその分が載っているか確認をしたら、それはどこにも載っていなかった。「これ誰がどうしているのか」という話で、売っていた本人の個人の名前で出ていたので、「それは誰ですか」というと、「2年前に辞めてます」、と。

進▷そうです。

今仲▷その人が医療法人から抜いて、それを勝手に売っていたという話になった。

進▷会社の技工所には何人かいるのですが、内部できちんとしたチェック体制を作っていないので院長もわからずに、実際、7年か8年ぐらいやられてまして、数千万円でした。最初は撤去冠でちょっとずつちょっとずつやっていたのでしょうが、そのうちにもともとの材料のパラジウムのインゴットを抜くようになって、ある時から思い切ってパレットでどっと抜いて、それも合わせて売却していました。

今仲▷普通の個人でやっている歯医者さんだったら、他人がそんなことするのは難しいですよね。オーナー先生がチェックするから。

進▷税務調査で先生が抜いてるところは、いっぱいありましたけど(笑)。

今仲▷オーナーである先生自身がやってる？

川崎▷それはよくあります。隠れ蓑を提供する会社もありますから。社団法人で。うちの会員になっていたら、何割かはそこで。あとは、よそへ売ってもよろしいということで。

進▷この事例では、元従業員は近畿にも買い取り業者が数多くある中で、遠方だと足がつかないと思ったのか、わざわざネットで調べて関東圏の業

者に買い取ってもらっていましたね。モノは郵送で送っていました。

今仲 足がつかない？

進 つかないように、たぶんやったのです。それでも業者での取引資料があったものだから、その資料をもとに銀行預金を調べたら、数年間にわたってずっとその業者から入金されているというのがあって、わかったのです。

今仲 そういうのがわかった後、税務調査担当官が、その人の個人の通帳を調べて？

進 先に調べたと思います。

今仲 税務署は、どのように処理してくださいと言っていたのですか？

進 最初は院長の行為だ。撤去冠の売却をオーナーである先生の行為として、雑収入除外で上げるべきだと言っていました。重加算税ですよ、とも。

今仲 それは本来的にいうと、お金に変わっているので、法人のものである以上は雑収入に上げなさい。

川崎 収益ですよね。

今仲 それはわかりますね。

進 ただ問題になったのは、「上げなさい」という話と、時期なんです。いわゆる、そういった詐欺の場合は、一般的には、通達にもありますが、行為者が誰かで、計上時期が基本的に変わってくるのです。通達では他の者とそうじゃない者と区分があって、他の者、いわゆる第三者が損害を与えたときは、最終の損害額が確定した時か、実際に損害金を受け取った時期で計上してもいいとあるのですが、それ以外の人、要は自社の役員とか従業員の場合は、本来同時両立、損を受けた時に、既に損害賠償の時期が

確定し、同時に金額が確定するので、その時期に戻しなさいとなっています。社長にしたら、お金を盗まれるし、その時期に遡って計上しないとならないし、重加算税の話もあって、かなりもめました。

川崎 一つあるのは、さっきの話にも出てきた、表沙汰にしたくないってなったときには、全部会社の責任にされます。従業員がやったのなら従業員だと、ちゃんとした法的手続を取りなさいよと税務署は言いますよね。そうでないのだったら、会社の行為として収益に計上して、なおかつ、行為者がわからないのであれば「役員に対する賞与です」と言われかねないです。だから警察に持って行かなくても、手続は毅然とする必要があります。とりあえず弁護士さんに相談するとか、手段はありますよね。そうしたら税務署も無茶なことはできない。

進 そこは、結局処理としては、相手がわかっているので、本人と話して、弁護士の先生を入れて、損害賠償請求にした。ただその時期についてはかなりもめたのです。確定の時は、時期を遡るってことで。

今仲 同時両立。

進 同時両立です。

今仲 裁判例ありますからね。

進 いろいろもめたのは、盗まれた額もそうですが、会社からすれば最終的に売った額がはっきりしないわけです。本人は「これだけ売りました」って、客観的に通帳の内容などからわかりますが、会社側はわからないので、結局損害賠償としていくらあるのかわからない。それが確定した時に上げてもいいんじゃないですかという理論でいったのです。

請求書とかを全部紐解くとその時期に全部獲得しているから、その時期に上げなさいということで、最終的にはその時期に戻して、修正をしまし

た。重加算税の対象にはならなかったですけどね。

今仲 なぜ重加算税といったのですか？

進 院長の知るところ、会社として、ちゃんと管理ができていなかった。

今仲 監督責任で、重加算税だということ？

川崎 警察沙汰にしなかったときには、逆にいうと、税務署自体は絶対言いますよね。会社の行為だとしか言えないでしょうね、たぶん。私たちもずっとそれでいってました。

進 そうですね、以前は。

今仲 今回のケースの場合はちゃんと弁護士を入れて、損害賠償請求してやっているので、それは重加算税じゃないでしょうということで、最終的には決着。

進 それがあったので。

今仲 そこは課税をする側の考え方というか、そのときの状況によって重加算税ということもありうると。

川崎 重加算税が多いのではないですかね。それと、これが役員の場合であれば特にそういうことになるでしょうね。

それともう一つは、俗にいう往復ビンタ。認定賞与の問題。何年か前の調剤薬局の場合には、他の役員を前面に出して、「返せ」という問題になっているので、賞与は勘弁してくれという話をしました。当事者はその役員の兄弟でしたが、「不正に得たもので本人に渡したつもりはない、返してくれ」ということで。それの方がまだ、傷は浅くて済みますよね。あとは話し合いで、役員報酬を増額して、返済させるのも一つの手です。いろんな方法が取れると思います。それはその時答えを出さなければならないということはないと思います。ただ、早く終わらせたい心理がどうしても働きます

から。税務署側の主張を認めて、役員賞与で課税されたというのは、よく
あります。

進 従業員の場合は、給料の話もありますからね。実際には辞めていた
ので、勤めている間は従業員ですから給料という処理もあったのでしょう
が、最終的には雑収入。

三村 過少申告で何年修正されました？

進 実際は４年です。最後の１年間はなかったです。辞めた後なので、
調査時点は。

今仲 要は７年じゃなくて５年で済んだ。

進 ５年です。重加算税対象ではないので。

川崎 なかなか一般の会社にとって、弁護士さんの事務所って敷居が高い
ですよね。やっぱりそこは会計事務所に相談して、善後策を練るのが、現
実的でしょうね。

今仲 大事なところですね。当事務所には、詳しい先生方もいらっしゃる
ので、どういう処理をする方法があるかということはわかっていますが、
その中で、最終意思決定するのは経営者の方ですので、経営者の方の考え
に沿った形で、一番税負担も少なく、かつ、経営者の方も納得できる範囲
で、対外的なことも含めて、判断をします。

川崎 いろんな要素が絡みますよね。

今仲 その辺は、全く同じことが起こっても、処理の仕方が違ってくるの
は当たり前ですね。経営者の考え方も違うし、その時の課税庁の担当者の
方の考え方、動き方も違う。非常に難しいところで、そういうところは、
当事務所にご依頼いただくと、一番納得できる解決方法で処理ができるの
かなと思います。

今仲 先ほどお話が出た、同時両立説と、損害賠償請求の確定の時期の説と、両方あるのは、最終的には最高裁までいってないので、今は両方出ている。

進 最近の事例というのは、地裁では半々ぐらいですね。

今仲 通達にも両方載っていると思うのです。収益に計上した時点でもいいですよという文言が入っている部分もありますね。両立でといいながら、片方で実際に入金された時点で収益に計上してもいいですと。

進 それが他の者の話ですよね、社員・従業員・役員じゃない場合ですよ。

他の者の場合は、実際に入ってきた時でもいいですとはなっています。ただ、自社でも、通達の中には、いわゆる交通事故の示談金とか、最初確定しないですよね。そういうものについては社員であっても、確定した時点で上げなさいというのもあります。今回の場合も特に、会社から出した確定が出てこない。弁護士先生に、最終的にお金がどれだけ損が出ているとかいうのも、まだ、その時点では、これからの話でもあったので、税務署に対しては「まだ決まってないですよ。ですからうちは、確定で、決まった後に収益を上げます」と話はしたのです。

三村 それで長引いたね。

川崎 結局、折り合いのところで？

三村 私は異時両立説というか、債権の金額とか、損害額がはっきりした時で十分だと思うのです。ただ、納税者の考え方もあるので、会計事務所の考え方で押し切るわけにもいかないでしょうし。ただ、私としては、税務署と見解をぶつけ合ってもおもしろい事案ではなかったのかなという気はします。

進 我々もそういうふうに考えていました。

今仲 最終的には歯科医院の先生のご意向で決着したということですよね。その辺が、すごく、きちんと、理論的に詰めて、これはこれで戦える道がある。つまりそこのところをわかった上で、そこまでやってほしくないという判断は、経営者としてはありうる、こういうことだと思います。そこを曖昧なまま、税務署がそう言っているので妥協しようか、という決着のつけ方をするのが一番良くない。

進 この事例に限らず、調査の中にはそういうのがあります。会計事務所側の意見はもちろんあって、それで反論しますよね。やっぱりそこには、実際の経営者の方の判断がありますが、そこは会計事務所としては見解を明確にして、最終的には裁判に打って出てでもというところは伝える必要がありますよね。

今仲 そうですよね。そういう意味で我々も、過去の裁判例や裁決例の中身をしっかりと確認をし、勉強もし、それらをこの事案に当てはめたときには、こういう判断の道もあるということをわかった上で提案し選択をしていただく。

川崎 示す必要があるからね。

今仲 経営者の人は、ひょっとすると、完全に理解できないかもしれないのですが、我々は、こういうケースはこういうふうにできますと言える。しっかりと話し合いをし、意思決定をしていただくのが我々の役割です。

川崎 経営者はそれ以外の部分で考えることが多いでしょうからね。自分が管理しておけばという後悔とか、他の従業員の手前とか、いろんな要素が経営者側にはありますから。それを冷静な状態に持っていって、なおかつ、打開策を提案してあげるのは、それなりの事務所体制が整っていない

としづらいでしょうね。

今仲 この従業員の横領と、その税務処理という問題の一番最初は、横領が発生しないような経営体質、仕組みを、きちんと作ることだと思います。撤去冠のように、そういうことをきちんとしていても、起こりうることはやっぱり起こりうる。そこの対処というのはやはり、税務的にもしっかりとやっていくということだろうなと思います。さっきの撤去冠は、その後、例えば撤去冠の記録に残していくようなことでやっているのですよね？

進 整備したようです。それまでは「受払い」というのを、基本的に付けていたのです。やり取りと、社内での他の従業員との牽制ですね。それからは、全員がチェックできるような体制に変えた。院長先生がそこまで見るというのは、なかなか今もできていないみたいですが…。

今仲 忙しいと無理ですよね。

進 中だけで少なくともチェックできるような体制には変えました。

今仲 本当に、完全に防ぐというのは、人間のやることですからなかなか難しい面もあるわけです。できるだけそういうことが生じないように、相互牽制をできるような仕組みを作ることが、一番最初にしなければならないことでしょう。

　この横領と、横領対策と税務処理についてはこの程度にしたいと思います。

今仲 次の項目として、消耗品の関係に移ります。

　消耗品、短期前払費用に関しては、1年以内に使うものについては買った時点で損金に算入をしても構わないというルールがあります。

川崎 このことは、法人税基本通達で規定しています。そこで、法令通達

の読み方が問題になるのですが、大体、一通り読むときに、カッコを外して読みますよね。本文だけザーッと読んで、あとからカッコ書きを読んでいく。それで全体を理解していくのが当たり前のやり方だと思います。ところが、カッコ書きを読み忘れてる人が結構多いのです。短期の前払費用、法人税基本通達2－2－14ですが、カッコ書きがどういうことかというと、「一定の契約に基づき継続的に役務の提供を受ける」という表現になっているのです。それと、消耗品費等の法人税基本通達2－2－15は「各事業年度ごとにおおむね一定数量を取得し、かつ、経常的に消費するものに限る」というのがある。これを読み落とすと、先ほどの郵便切手の事例みたいなものが出てくる。1年分ぐらいドーンと買っといて、経費で計上してもいいだろうというやり方です。それとか、契約にはうたっていないけど先に払ったら経費で落ちるだろうという安易な考え方をしている経営者が、結構います。契約を変えれば問題ないですが、それをすると、前払いをずっとし続けなければならないことになるので、そうはしたくない。

進 過去に、調査で問題にしたのは、例えば、1年以内の支払でないとダメなのに、1年を超えるとか。決算末じゃなくて、例えばひと月前に、12月決算で11月に払ってとか。それはアウトなんです。安易に、継続的なものはいけるというところで処理しているのが、たまにあります。

川崎 安易に考えてね。

進 それと貯蔵品では、経費に落ちるものと、製造原価に算入しなければならないものとがある。製造原価に相当するものについては、原価に算入するから、損金には落ちません、ということは書いてあるのです。それを見落としていたというので、貯蔵品が否認されたというのは、よくありました。ただ、同じ原価算入の中で、取扱いが微妙に違うものもあるので、

あらかじめ相談してもらった方がいいでしょうね。

今仲 例えば、製造業で商品をダンボール箱に入れます。それで、一つの商品として完成します。というときのダンボールは当然。

川崎 原価ですね。

今仲 原価ですね。ところが、発送するためのダンボールがあります。発送するためのダンボールは消耗品ですから、貯蔵品になっても短期の分であれば、その都度購入すればいいわけですが、大体1年分も置けませんから。同じダンボールでもそういう切り分けをきちんとしておかないといけない、ということがあるわけです。

川崎 専門の人間だからそれがスッと出てくるけど、実際、会社の人がそこまで意識しているかって、そこまで意識している人が何割いるかなっていう気はします。そして税務署もそれを否認していない事例が結構あると思うのです。だから突然言われた時、「前の調査の時には全然言われてないのに、そんな細かいこと言わないでよ」って言われるのがそれです。

今仲 三村先生、その辺りで短期前払費用あるいは消耗品で何かありますか。

三村 決算組んだら、利益が予想外に出そうだ。税金も資金繰りも大変だし、なんとかならないかというときに、一番、登場するのが、この短期前払費用だったり、消耗品ですね。消耗品は買掛けでも手形でも、未払いでもいいのですね。短期前払費用は、支払っていないといけませんけれども、それは手形でもいいというのは、解説の中でも書いている。そういう意味では、1回限りですが非常に使い勝手がいい。一応合法なので、いいとは思うのですが、さっきもお話が出たように、否認されないように注意が必要です。例えば先ほどの包装品でも、製造業で包装材料のダンボールで、

原価に算入されるダンボールと、販売費になるダンボールと、どう違うのですかとなったときに、「ダンボールはうちは１個しかないよ」と。「２回も包装はしない」という話になってくると、製造業の場合はそういう販売費に落ちるようなダンボールはないということになるかもしれない。ですから安易に考えずに、きっちり、税務署は、目を光らせているということを意識しながらやる必要がある経理処理かなと思います。

川崎 もう一つあるのは、ある程度前に、利益が予想以上に出るのがわかれば、もっと早く手当てができる可能性もある。決算期末ギリギリになって、「見てください」と言わんばかりの目立つやり方したらね…。

進 それはありますね。

川崎 例えば毎月、月次で決算があって、半年、あるいは、四半期の、第三四半期まできた時に、「今年の決算このくらいになりますよ」だったら、それから３か月の間に考えることできますよね。あと１日２日で決算が終わる時に相談されても対応できない。税務署に「怪しんでください」と言わんばかりのことをしないようにするとしたら、月次決算が大事だということですかね。利益をある程度、事前に、会社を経営する人、指示を出す人が把握しておく必要がありますね。

今仲 当事務所の関与先では、毎月行って巡回監査をしています。経営者によっては、経理処理が先送りになる、特に社長が自分で使っている経費関係が３か月、４か月と溜まってしまっている、みたいな話があったりするわけです。そういう社長であればあるほど、ギリギリになって、「利益出るからなんとかしてほしい」と言ってくるのです。ところが、しっかりと毎月 10 日ぐらいになったら必ず自分の前月の分の経費になるものについては精算をする社長は、事前に我々が月次決算しているので、四半期で、

3か月ぐらい前の数字を見ていて、「今月利益出そうだからこんな手を打とうと思うけど」みたいなことのご相談をしていただける、というパターンになるのです。

当事務所のお客様にもいろんな方がいらっしゃいますので、その辺は、一生懸命こちらがご指導申し上げて「しっかりしてください」といっても、ズルズルズルといく方がいらっしゃるのは、これまた事実です。難しいところだなと思います。

進税理士　橘税理士

8

オペレーティングリース

今仲 今回は節税対策のリースの話です。多いのは航空機、ヘリコプターぐらいですかね。

三村 主に航空機・コンテナ・船舶が対象となっているようです。耐用年数が短くないと効果がないから、5年から10年が多いようです。

川崎 そうですね。

三村 はい。

今仲 飛行機とか5年でしょ?

三村 そうですね、小型でしたら短いですね。それから船舶もあります。船舶は小型船舶や中古船が中心で、耐用年数が長いものは使われないようです。

今仲 コンテナってすごく短いのでは?

三村 耐用年数表では6メートル以上の大型コンテナは7年となっています。リースはその70%を超える5年が多い。

今仲 契約は匿名組合契約でされているのが普通ですよね。匿名組合だから、オペレーティングリースで取得をしたところのものになる。だから減

価償却は短期でできる。それで、損金に落とせる。それをある時点で解約する。あれって、お金払うのは3年で3分の1ずつでしたっけ？　一括で払うのでしたっけ？

三村 大抵が一括で。航空機の場合ですと、まずリース会社が航空機を何百億円で買う。次に、投資をする人を呼びかける。大体総額の20％ぐらいの匿名組合を組成しようとするらしいですね。それで、残りは金融機関から飛行機を担保にして融資を受ける。そうして、総額100億円調達する。耐用年数の70％以上の期間がいるのでしたかね。オペレーティングリースをクリアするために。

今仲 はい。

三村 それで航空会社にリースするわけですが、リース期間が終わると、それを今度は中古機市場で売却する。ですから7年間のリース期間中に入ってきたリース料の総額プラス中古市場で売った金額が回収額の総額になる。リース開始当初は定率法で償却していきますので、償却額が非常に大きく出て、多額の損が発生していき、最終的には中古機市場で飛行機を売った利益等で相殺されて、総額では利益が出るような想定ですね。スキームが生まれているということです。

今仲 なるほど、だから最終の時には利益が出るんですね。

三村 償却は済んでますので多額の利益が出る。

今仲 そうですね。最初のうちは、定率法だから損金計上ができる。だんだん減っていくけれども。最後でどかんと利益が上がる。トータルするとプラスマイナスゼロになる。だけど最終で利益が出る時にまた追加でやると、要は課税の繰延べをずっとしていくことができる。

川崎 逆にいったら、それをしなかったら結局ずれただけで、そこですご

い税額が発生する可能性があることになるのです。

今仲 そうですね。

川崎 会社の利益自体が平準化する。そうしたら続けていかないとダメでしょうから。

進 税務調査で何社かありました。結局そのリースのスキームは、リース会社がうまく考えていて、否認できるようなものではなかった記憶がありますね。そうすると何が一番問題になるか。社長からすれば、結局5年、10年経った時に大幅に利益が出るので。「何かいい方法ないですか?」とかってそんな話ばっかりになってしまうのです。それで、もう同じことを繰り返すしかないというお話になります。

川崎 結局、そこでやめると逆にデメリットが考えられますね。その時点で大きな利益が出る訳だから。

進 やっているところは続けて何回かやっているところが多いですね。

橋 それは繰り返さないと課税負担が大きくなるからね。

進 そうです。

川崎 せっかくこれまでやったのが、そこでチャラになって大きな税負担になってしまうっていうことですね。

進 それって税務の否認ってないですものね。

今仲 借入れでやるのですか?

川崎 余裕資金の運用でしょうね。

進 やっぱり財産があるところでしょうね。

川崎 あまり借りてまでやる人はいない。だって、それこそ借入れでやったら、銀行を儲けさせるだけですよ。

今仲 そう。銀行は借金させるためにそれを売り込んでくるみたいなとこ

ろが昔はあったと思うのですね。今はあまりしていないと思いますが。

進 銀行系列が昔はありましたものね。

川崎 銀行にとっては、きちんと担保を取らなかったら不良債権になることがあるから。

今仲 バブルの頃は平気で銀行が勧めにきて借金をさせたと思いますが、さすがに今はそんなことしていないと思いますね。

三村 ただデメリットといわれるのは円建ての商品が少ないので為替リスクがある。途中で資金繰り上、解約したいとなっても中途解約ができない。それから元本保証がない。つまり飛行機が想定した値段で売れる保証はないということですね。今の状況では小型飛行機は結構いい値段で売れているみたいですが、それが将来どうなるかわからない。そういうデメリットもある。ただ大きく節税できるという魅力はあります。儲かる可能性もある。元本保証がないけど高値で飛行機が売れれば儲かる可能性もあるわけです。ただし資金はその間、事業とは関係ないところで寝てしまう。飛行機のＬＣＣが一番伸びたのはこういうオペレーティングリースのおかげだというようなことが雑誌など読むと書いてありますね。

今仲 なるほど。

三村 銀行も非常にリスクの低い貸付けというか航空機を担保に優先して取ってしまいますので、航空機の売買市場が今好調なので、いい融資らしいですね。

川崎 だから匿名組合にするのですね。

三村 航空機を個人での借入れの担保には使えない。匿名組合担保として銀行に提供されますので。

進 そうですよね。匿名組合に融資するのですね。

川崎 目先の利益を手にしようとすれば、すごくメリットのあることだけれど、長期的に見たときにどうかな、というのはありますね。資金がそこで凍結されてしまって、実際に運転資金、設備資金がいるときには別に銀行から借金する必要がある。金利は、本来ならいらないはずの金利を払っているみたいなところがありますよ。よっぽど余裕のある所なら別ですが。

今仲 経営者にしてみたら当面払わなければならない税金を払わなくてよくなる。そこの方が大きい、という判断でしょう。

川崎 昔みたいに日本の法人税率が高くて、それを外国に合わせて下げていくという状況だったらよかったかもしれない。先に行くほど税率が低くなっていく。今、ここまで成熟した時に、果たしてそういうメリットが享受できるか。

今仲 アメリカはこの前、21％に下げたので例えばカリフォルニア州の実効税率は27.98％です。まだ日本は29.74％ですから。世界的なところでいうとまだ日本が一番高い状況にあるのは事実かなと思います。だけど、どこかで実効税率が上がり出したときに却って損する可能性もある。そこをどう考えるかって感じでしょうね。

三村 するともう一つはやっぱり損金算入に制限が設けられたことですかね。法人で出資した場合は、特に損金規制はなかったのが、出資金の金額までということになったのですね。匿名組合も、その減価償却で例えば相当の赤字が出ると思うのですが、それもたしか出資金を限度とするような。1億円しか出していなかったら1億円までですよ、と。仮に2億円、3億円の損が計算上出たとしても、それはダメということになったのですね。それと個人の場合は雑所得ですね。それで、雑所得になると非常

に制限される。

今仲 そうですね。雑所得は他の所得とは損益通算できませんからね。

三村 だから個人で航空機オペレーティングリースをするメリットは、節税の面ではないということですね。

今仲 そうですね。雑所得でたくさん所得があがる人は別ですが。

三村 法人でも相当資金的なゆとりのある会社に限られますね。途中解約はほとんどできないというようなものですから。

川崎 税理士としては、あまりおすすめできる手段ではないですよ、というぐらいのものですね。

今仲 そうですね。当事務所は一切勧めていません。経営者がそういう売込みを受けて実行している件は何件かあります。その方々にはそういうリスクをきちんと説明した上で、それでもやるとおっしゃったらそれはその会社の決定ですし、税務上否認されることは基本的にはないわけですから、経営判断として実行しているとしかいいようがないですね。

今仲 次に機械等の取得の時期で、損金算入できる時期の問題です。製造会社で期末に近くなってから結構大きい何億円もするような機械を買う場合、そういう大きな機械の場合には据え付けて実際に稼働するようになるまでの期間が結構かかるというものがある。そうすると、買った時から減価償却できるわけではなくて「事業の用に供した時から」ですから、それが私も税務調査で問題になったことがあります。先生方、どうでしょうか。

進 税務署の立場からすると、調査では必ずその取得時期をまず問題にしますね。ましてや据付試運転タイプの機械というのは必ず細かくチェックします。搬入した時から試運転して検収・稼働まで。やっぱり期末に計

上することが多いですからね。

川崎 製造業の場合、作業日報みたいなものがあるのでそれを出させると、いつ試運転したとかいうのは、やっぱり書いている。実際、本当に、事業の用に供することできたのはいつなのか。この現場の資料を持ってきて確認すれば、本当のところがわかります。

今仲 中小企業の場合に、社内での作業日報みたいなものをつけていない会社が多いのでは？

川崎 検査表一枚で、否認したことも何件かあります。

今仲 検査表一枚？

川崎 売る側では、据え付けて、完全に固定して、機械の検査をして、こういう結果になりましたので、引き渡ししますよという書類は必ず出します。それを見たら決算期末を過ぎていた。

今仲 ということは、それは反面調査をするのですか。

川崎 もちろん。調査を受ける会社側からすると、そんな書類出さなかったらいいわけですが、売った先に行ったら、検査表はあります。それを見たら、3月決算で4月4日になっていたとか。もう一つあるのは、今の機械はどうなっているかわかりませんが、以前は、その機械が使えるようになるまでメーカーの方が従業員に教えてあげることがありました。

今仲 メーカーの担当者が、購入する会社の担当者に使い方を教えて稼働するまでに時間がかかる、ってこと？

川崎 その作業日報を見たら、これ、事業の用に供したとはいえないですよね、ということになってくる。

今仲 その作業日報というのも、買った側ではなくて、売った側が、要は教育をしている期間の日報をちゃんとあげている。

川崎 売る方とその検査する所は、別になることがありますから。メーカーと販売会社というか。そうしたら、それが全然違っていた。検査する側は、相手がいついつまでに、とかいう感覚ないですから、うちがきちんと相手に使えるような状態までにしてあげた。という判をもらったら、それで責任は逃れられるので、その日が一番問題なのですね。それから請求しますよね。

今仲 それで否認をしたケースってやっぱりかなりある？

川崎 日にち改ざんっていうのよくありますよね。

進 そうです。それで、それの否認額は何？　となると、結局１〜２か月分の償却費とかになるでしょ。大きいのは特別償却なのですよ。

今仲 あ、特別償却。

進 特別償却とか割増償却とかありますけど。

今仲 なるほど。

進 過去に調査で、３月決算でトラックを数十台所有している比較的大きな運送屋が、新規のトラックを数台買ったということで、決算書を見ると３月に計上して償却していました。注文書の納車日も当然３月になっていたのですが、車検証を確認したところ、登録日がほぼ４月以降になっていたのです。車検証の日付は変えようがないですよね。ただディーラーとは話ができていて、ディーラーからの納車の書類は全て日付を遡って３月にしていました。単純な仮装行為でしたが、相当な修正額だった記憶がありますね。この時は計上時期でもめることはなかったですが、やはり大きな機械などの取得のとき、特に決算期末の計上は税務調査の必須の確認事項となりますので、取得には十分な注意が必要ですし、税務調査で説明できる資料の作成と保管が必要になると思いますね。

橘 そうですね。やはり機械の取得ですと、もともとスケジュールがあって走っている話ですが、やはりどうしてもギリギリのところで期末に入れたいな、という気持ちになっているのかな、というところから調べていきますから。

今仲 メーカーの営業担当も決算日までに売上げに計上したい。

進 売買契約書の納車日は当然決算前になっているわけです。

川崎 利害が一致するわけですよ。

今仲 なるほど。

今仲 令和元年度の税制改正で反面調査に行くことを法律に書く、という改正があります。反面調査は今までは法律になっていなかった。

橘 ないですね。

進 資産税の場合は調査を計画したら事前に金融機関から法務局から、全部資料を集めていましたが、法人税の場合は原則、調査に入ってから銀行へ行ったりしていましたよね。

今仲 令和元年度の税制改正でそれが明文化されている。

川崎 逆にできるようになるっていうことですね。それは逆にいったら現実に則した法改正ということなのでしょうね。今までは現場レベルでそれを説得していたのですよね。

三村 入っても調査先の了解のもとにね。承諾を得て「これは出回りますよ」と言います。それはもう正攻法ですね。

今仲 それが法律で書かれたら当然そういうふうに言った上でやると。

三村 職権でいけるということですかね。

今仲 法律を作るという。

三村 業種によったら非常につらい業界が出てくるのではないですか？

川崎 戦々恐々とする業界が出てくるでしょう。

三村 貴金属の回収業者とかね。今までそういうものは仕入先はオープンにしていませんからね。営業上の差支えがあるからということで見せていないですから。

今仲 なるほど。

三村 機械のメーカーとか、そういうのはね。もう大体取引大きいからどんどん資料の協力はしていると思いますが、現金仕入れの業界は…。

川崎 医薬品の現金問屋ね。

今仲 要は機械の取得後は期末までに稼働していたかどうか、ということについての現場での調査というのはしっかりされているということですね。

三村 特別償却については、税務調査では比較的調べやすいという点からもよく見られると思います。ですから期末に機械を入れる。期末に入れただけでは普通償却はほとんど金額が出ませんので、あまりメリットはないのですが、メリットの大きい特別償却を適用した場合は、間違えば大やけどをする。それと、最近は特別償却には事前に最寄りの経済産業局などへの申請が必要で相当前から手続をしないと適用が受けられないというような制度も多々出ていますので特別償却適用のときは特に慎重に。

今仲 多いですね。

三村 ですから期末に機械を買って節税じゃなくて計画的に機械を買って、即時償却できるように、税制の動きを見ながら対応していく必要があるんじゃないかな。と思います。

今仲 収益力向上計画に基づく投資減税は、A類型とB類型とありまして、A類型の方が工業会で事前に認定を受けていたら、買って事業の用に供し

た時点で一括損金算入ができる制度です。A類型は、その供用というところがやっぱり今までどおりしっかりと確認しておかないといけない。B類型の方は事前に計画を立てて、認定を受けて、それに沿って取得をするということなので、計画的にできる。それが、機械メーカーなどの都合で納入が遅くなって期末ギリギリになったというふうなケースのときには注意をしないと、実際の供用が期をまたいだ後になってしまった、というと、一括損金算入できることには変わりはないけれども、時期が翌期になるということも十分あるので、留意をする必要がある。

川崎 やっぱり決算の見極めの早い時期にすれば、そんな慌てふためかなくてもできるわけですから、月次決算をきちっと組んで、どれだけ収益が上がっているのかということの見極めが数か月前にできれば、何も危ない橋を渡る必要もない。

今仲 そうですね。我々も認定申請のお手伝いをしている関与先がありますが、メーカー側で遅れてしまって納入が遅くなる、自分のところには何の不備もないのに、結局計画通り損金に落とせなかったという話はありますので、そういうときに無茶したくなることはありますから注意しようということなのでしょうね。

川崎 それともう一つ。そういう大きな機械になればなるほど予備の部品というのがあるのですね。

今仲 はい。

川崎 機械が何かのトラブルで止まったときにメーカーから部品を調達しなかったら機械を動かせないので、その予備の部品というのは必ずついている場合が多い。それって、金額的に大きくなっても個別だから、買った時に消耗品で落とす。でも、付属品というのはまだ使ってないのですね。

それこそ、きちんと貯蔵品であげて、使った時に落としていかないといけないものを、金額だけで判断して落としてしまって、そのトータルで否認ということもあります。

今仲 なるほど。

川崎 調査に行く前に見たら「なぜ消耗品こんなに多いの？　倉庫だけちょっと見て来てよ」と。見たらいわれたとおりです。機械を買った時に一緒に買ったものが、そのまま棚に置いてありました、というのは、よくありますね。機械等が増えているときに貯蔵品も増えているな、というのは決算で結構多いのですよね。

今仲 なるほど。その辺りまでしっかりと処理をしておかないと、安易に消耗品で落としたりすると、修正申告が必要になる。

川崎 そういうのはあらかじめ検討項目に入っていますから。

三村 後は医療用機器です。お医者さんは、かなり高額な医療用機器を使われると思うのですが、平成30年度からは金額が500万円以上とか、かなり高額な機器でないと、医療用機器の特別償却の対象とならなくなったりしています。この条項が使えない場合、中小企業者等の機械等の特別償却規定とか、その他の規定を適用していく以外はない。いろいろと機器に対して非常に厳しい内容になってきているように感じますね。

今仲 なるほど。医療用機器の特別償却って結構優遇されているところが以前はあったので。それが一般企業と同じように、平成30年度からなので注意しておいてほしい、というところですね。今日はこの辺りで。ありがとうございました。

9

金 銭 貸 借

今仲▶今回は、個人・法人間の金銭貸借の留意点を取り上げます。個人から法人への貸付金、法人から見ると個人からの借入金というのが結構な金額になっていたりすると、やっぱり税務調査のときの一つの目の付け所になってるというふうに私は思うのですが、そのあたりで、事案や留意点をお願いします。

進▶法人税の調査では、社長なり役員なり個人等からの借入金については特に検討します。借入金は中身、例えば金額が正しいかどうかということを精査します。利息については貸付金は必ず確認しますが、借入金は利息を取っていないことが多いのであまり問題にはしません。

川崎▶うん、それは、逆に取らなくてもいい。プラスマイナスゼロの話だから。

今仲▶売上除外をしていて個人の懐に入れて、それで会社の資金が足りないので会社からすると借入金になっているという目で見るということはあまりないですか？

川崎▶それはあります。

進 もちろん。

川崎 会社から見て借入金になっている部分は、個人での資金出所がどういうふうに流れてきたのかというのは一番気になる部分です。

今仲 なるほど。

川崎 調査担当者に対しては資金出所を確認するよう必ず指示しますね。自分でやっていた時もそうでした。

今仲 売上除外しておいて、それを個人の懐に入れていて、会社でこれに対応する仕入れとか経費で落としているというふうなパターンになっていると、資金繰りが回らなくなるから、個人から会社に貸付金をしていたという、その溜まりが大きい。いわゆる社長からの借入金という金額の溜まりが大きい状態になっていたらこれはどうなっているのかという、資金の流れとして調査をするというのは調査の基本ですね。

川崎 調査する側にとっては個人の預金まで調査に入れる一番いい口実になるのではないですかね。どこからそのお金が出たのかということを当たり前のように聞けるのですよね。

今仲 なるほど。いわゆるその反面調査かどうかは別にして、個人の預貯金の銀行調査は法人税の調査のときには基本関係ない。そこは基本、法人税の調査の対象としてはいけないのですね。

川崎 個人との資金交流がなかったら取っ掛かりがないのですが、借入金があれば当たり前のように入っていけるというのはある。

今仲 なるほどね。

進 調査のときに借入金が多かったら、個人からのお金の資金出所は必ず確認してきなさいというのがまず調査の指示です。「この借入金はどこからきたんですか」という話になったときに、「どこどこ銀行から全部振り

替えてます」となれば当然その口座を全部見て、そのお金自体がどこから
きたかというところまでの追及をします。資金出所の追及は川崎先生が
おっしゃるように、最終的に売上除外とかの確認までをすることが当然の
調査になりますね。

今仲 要は会社がオーナーから借入れをしている。それも相当な金額で
ずっと続けているというふうな状態の場合には、それは調査の1項目とし
て目の付け所として重要なポイントとなる。それは何かというと、売上除
外をしていて、その除外をしていたお金を個人が懐に入れている、その出
所を調査するときに、会社の資金が足りなくなったらオーナーがお金を会
社に入れているわけですから、そのお金はどこから出てきたのかというこ
とを調べることによって売上除外が芋づる式にわかるというケースがあり
得ると。実際にあったのですか？

川崎 あります。銀行はそう簡単には貸してくれませんので、どうしても
そのあるお金を使いたい、会社を回していくために使わないとしょうがな
い。危険性を十分認識しながらでもせざるを得ないということですよね。

今仲 なるほどね。

今仲 では、今の借入金の場合に、例えば売上除外をしていた、取引先か
らのお金が個人の口座に振り込まれていたとか、そんなことが出てくるの
ですか。

進 ありますね。現金の売上除外も多いですが、架空計上も多いですね。
架空仕入れを上げておいて仕入れ先からのバックのお金を入れるとか、架
空仕入れ分もありますし、相手とつるんで架空仕入れを上げて例えば半分
だけリベート等としてバックして口座へ入れてもらうとか、そういうのが
あります。一番多かったのは、本来の収入じゃないもの。雑収入除外によ

るものですね。

橘 そうですよね。

今仲 例えば鉄のくずを売ったものとか、具体的な収入になるものを除外しているというパターンもある。

川崎 一般に知られていない収入っていうのがあって、びっくりしたことは何回もあります。

今仲 どういうものがあるのですか？

川崎 現像液の廃液。

今仲 現像液の廃液？

川崎 はい。これはお金になるのです。

橘 銀が混ざってるとかね。

川崎税理士　三村税理士

今仲 現像液の中に銀が入ってるの？

三村 今はもうデジタル化したので使わなくなりました。

今仲 歯医者さんの金・銀っていうのはよく聞きますけど、それ以外にもあるのですね。

川崎 今はないと思いますが昔はレンガ屑が結構いいお金になったのです。普通は産業廃棄物ですよね。吸湿性がよかったのですよね。

進 土もありましたね。

今仲 土？

進 砂利石を販売する会社だったのですが、砂利の製造途中で出るらしいですね。それを廃棄しましたっていうけど、それも売ってて除外しているのもありましたね。そんなのは全然わからないですよね。

今仲 業種業態の特殊なもの。

進 いろいろですよね。

今仲▶個人で除外をしているお金を法人に入れないといけないような場合というのはよっぽど大きな金額でないとそこまでしないわけですよね。

橘▶そうですよね。資金繰りに困って戻すという話ですからね。だから小さい除外で一番わかりやすいのは、自動販売機の収入が個人の方へすべて入っているというのがあります。そんなのは資金繰りとは関係ないですからね。

今仲▶なるほど。

三村▶資金を個人から会社へ貸し付けるときにはしっかりした口座を経由してお金の受け渡しをする注意が必要でしょうね。

今仲▶逆にいうと本当に会社の資金繰り上、個人からお金を入れるなら、それはそれでちゃんとわかりやすいようにしておくべきと。

橘▶そうですね。説明がつくようにしておかないといけません。

今仲▶説明がつくようにしておかないと、そこをきっかけとして痛くもない腹を探られる、それで余計な時間を取られる、みたいな話になるから、そこはきちんとしておきましょうねと、そういうことですよね。

進▶銀行調査では、社長個人の定期預金の解約がやっぱり多いので、どの個人預金の口座から会社に入金しましたとか、ちゃんと説明できるようにしておけば大丈夫だと思います。

今仲▶現金で貯めていたものを入れました、みたいな話になると、どこからの資金かという話になる。

進▶そうなったときに、芋づる式に他のも出てくるということがあるので。

今仲▶なるほど。ありがとうございました。借入金についてはこの程度にして。

今仲 次は法人から個人へ貸付金というパターンのときの話をしたいと思います。

川崎 仮勘定が膨らみすぎてどうしようもなくなると、貸付金に振り替えることがあります。ひどいものになるとびっくりするような現金残が決算で出てくることがあります。こんなに現金置いているはずないのにと。あまり目立ちすぎると、社長が「これ貸付金に振っといて」って。そうしたら、そのお金って何に使ったのっていうことは言われますよね。痛くもない腹を探られる。普通に考えて仮勘定というか、仮払金勘定というのはあまり使わないですよね。ほんの一時的。それがずっと溜まっていること自体おかしい。貸付金自体は個人で他に何か二足のわらじでもない限り、そんなに個人で使うことはない。それだったらそこになるまでに、個人で本当にお金がいるのならそれなりに賞与で出すとか、やり方をあらかじめ相談を受けてたらできますよね。あらかじめ決めておいたら、事前確定届出給与で損金で賞与も出せるわけですから。

今仲 貸付金に関連してそれ以外で何かありますか?

進 それは利息ですね。圧倒的に多いのは利息をもらっていないという場合ですよね。貸付金については例外はありますが、基本的には貸し先からは必ずもらわないといけません。

今仲 当事務所はお客様に貸付金があったら利息は何%で乗せないといけませんよという形で指導をしています。要は銀行から借り入れている金利と同じ金利で取っていたら問題ない。

川崎 問題ないです。

進 金融機関から調達している借入金があれば、それは調達金利で取っても差し支えないというのはあります。ない場合ですよね。貸付金の利率

は、今は1.何％ですかね。

川崎 1.6％ですね。

進 1.6％ですかね。数年前までは4％とかもっと高かったですからね。

今仲 ええ。

進 元本が大きかったらとんでもない額になりますよね。

今仲 民法の法定利息は3％になりますが、それはないですよね。

三村 令和元年中は、役員、使用人に貸し付けた金銭の利息は1.6％と通達にあります。

今仲 なるほど。

川崎 それともう一つは、借入金の平均金利。借入金の月別残高を足して、利息を割り算していくというやり方もできます。

今仲 なるほど。

川崎 もう一つ裁決事例で出ているのは、全国の平均金利でもかまわないとなっています。

今仲 なるほど。銀行から借り入れをしていたらそのままの金利でやっているというのが多いですよね。

川崎 多いでしょうね。よっぽど大きな貸付金でない限りそんな大差ないでしょうしね。他に問題としては、利息よりもそれを何の目的でというのを指摘しますね。

進 調査に行って貸付金が増えていたら、何に使ってるのっていうことは当然聞きますね。

今仲 そういう意味でいうと、添付書面なんかに大きな金額の借入金とか、貸付金があった場合にはその理由をきちんと記入しておくことが大事ですよね。

川崎 添付書面に書いていたら、調査のポイントが解明されて、調査選定に上がっていたのが没にされるということがありますからね。それがわかりさえすれば、もうこの会社あまり問題ないよねっていうことで。

今仲 はい、ありがとうございます。

(左から) 進税理士、橘税理士、川崎税理士、三村税理士

10

生 命 保 険 金

今仲 次は、生命保険契約の掛け金についてです。税務調査で見たときに生命保険契約の掛け金は何か問題になるようなことはあるのでしょうか？

進 あると思いますが、保険の種類によって違いますね。

今仲 なるほど。

進 税務調査でそういう意識をしたことはあまりないですね。基本的に生命保険会社がスキームを作っていて、その取扱いどおりにやっているところが大半です。税法は追っかけ追っかけで規制していますが、生保の方はきっちり研究して、逓増保険とかいろんなものをきっちりと作っていますからね。だから、会社が勝手に処理していない限りは、間違いはあまりないと思います。

橘 損金で落とせるというのを謳い文句で売りますから。

川崎 いろんな商品が出てきてるから。

進 調査に行って、損金で落とすとか保険積立金上げていないとか、説明がないものについて、これ中身はなんですかと聞いても、生命保険の方の説明どおりにしてますということで、その生命保険会社に問い合わせる

とそれがまた時間がかかるって、ようやく出てきたところで問題なし、というのが大半ですね。

今仲 要は会社の側が生命保険に入るときに、生命保険会社から経費になるっていわれて、そのとおりにしていると。なんのことかよくわかってないままやっている。それで調査に行って聞いたら、会社がわかっていないので生命保険会社に聞いたら結局問題なかった。

進 大体そういうパターンですね。

川崎 昔時々あったのは、そうして掛けた保険が、保険事由にあたって、保険金が下りた。それって思わぬお金なのですね。つい別管理にしてしまったとかね。ひどいものになると仮受金で上げておいて消してしまったと。収入で上げるのはもったいない。

今仲 あるのですか？　そういうの。

川崎 ありますよ。

今仲 要は満期であれ、解約であれ、返戻金であれ。

三村 いつの間にか出金して。

今仲 収益計上しなければならないのにしてない、そんなことあるのですか？

川崎 ありましたね。

三村 中退共とか退職のときには公式には本人にしか払わないですよね。ただそれは会社が全部管理していますので、本人に払ったことになっているけど、会社の管理下の口座印鑑で出金がされているとかね。少ないと思うのですけれども、そういう不正事例が以前はあったようです。節税が行き過ぎた事例です。

今仲 個人の口座に直接入れる契約になってますよね。

橘 そうですね。

川崎 個人の通帳を作るのだけど、本人の知らないうちに作られていたことも。

橘 会社が作らせて会社が通帳と印鑑を持ってますから。

今仲 要は本人にも会社にも入れずにどこかに流しているのですか？

川崎 はい。

今仲 そんなバカな…。

橘 以前ありましたね。

川崎 そういう団体も支払実績を結構追及された時期があったのですよ。集めるだけ集めてかなりの資金が滞留して、実際にそれが運用されていない。だから比較的監査も、チェックも緩い。支払実績を作る必要がある。建設業者の日雇いシールなどもそうですね。昔あったのは建退協とか支払実績をかなり求められたので、意外とチェックが甘い。全部払ったら100万円近くのお金になって、個人名の預金口座を作ったら振り込んでくれる。

三村 今はマイナンバーとかいろいろね。

今仲 本人確認が厳しいですね。

三村 景気がよかった時代は高額な保険をボンボン掛ける。従業員の福利厚生を看板にはするのですが、第一の目的は節税。でも満期になった時に困るのですね。従業員に払わなくてはいけない。節税で保険を掛けると、税務上の問題につながってくる注意すべき点はそういうところだと思いますね。節税オンリーの保険はちょっと危険が伴うと思います。

今仲 当事務所は、従業員全員で掛捨ての生命保険に入っています。安い掛け金で、保険金が一律500万円なのですが、何が目的かというと、やっぱり人間ですからどこでどんなことがあるかわからないので、急死をした

従業員がいたら会社にお金が入るようにして、死亡退職金で全額払う、そういう目的でやっています。実はうちの事務所で、今まで、従業員で亡くなった人が3人いるのです。その都度500万円入ってきて、500万円を死亡退職金で渡しているのです。そういうふうに明確にやっていればいいけれども、おっしゃるように、その時に社長の懐に入れてもらっては困りますね。

川崎 調査担当者を調査に行かせて、帰ってきたら報告を受けるのです。復命というのですがね。その話を詳しく聞いていると、「生命保険の保険金が現金で入った」と言ってましたと。「それ、おかしいよ。今すぐ再度調査に行っておいで」と指示しました。その結果、会社に入ったのは現金で3,000万円、実際に下りた保険が5,000万円だったと。差額の2,000万円が除外されていた。会社の口座を違うところに作って、そこに5,000万円入金されたのですが、あまりにもまずいと思ったのでしょうね、3,000万円だけ現金で会社の正規の口座に入れて、後の2,000万円は簿外でそのまま預金の方に残っていた。行って帰ってくるまでものの半日もかからなかったと思います。

今仲 それは重加算税ですよね。

川崎 もちろん重加算税です。復命の時にわかって、びっくりしましたね。「え、現金で入るわけない」と。

今仲 そうですよね、生命保険会社から現金で受け取ることなんて絶対にないですものね。100％振込みですよね。

川崎 それもきっちりした契約者の口座でないと。

今仲 ということはその会社が別に口座を作っている。

川崎 作ってあるのですよ。

進 社長の死亡で保険金が入るような生命保険を会社が契約していたのですが、その会社が倒産しまして、その後、社長が自殺をした。社長は借金が多かったものですから、御家族は全員相続放棄をした。御家族はだれも役員になっていなかった。それで亡くなって半年後くらいだったのかな、死亡保険金が7,000万円くらい会社に入ってきたのです。あるところから情報があったのですが、申告させようにも社長はいないし役員もいないから。それで結局どうしたかというと、弁護士に法的に社長になってもらって、それで会社として一時設立して、そこで決定処理で課税しました。金額が大きかったからですね。過去の繰越欠損引いてもだいぶ税金として入ってきました。そういうことがありましたね。

川崎 弁護士さんに取っては思わぬ…。そんなに手間はかからないし。私ちょっと今思い出したのですが、以前に相談を受けた事案で、最初掛けているうちの解約返戻金というのはほんのわずかなのですが、3年目、5年目くらいから掛けたものが結構大きなお金になって返ってくる。3年目に法人から個人に名義を全部変更するとしたときに、あと2年くらい掛けたら掛けたお金の何倍もの返戻金があるというものがあって、これっていいのですかねって言われたことがありました。というのは、3年目で名義変更する時に解約した場合の返戻金の額で譲渡したら、通常、課税のしようがないのかなという気がするのですが、あと2年掛けたら何倍にもなって返ってくるっていう…。

今仲 それを売り物にして、解約返戻金が時期によって多くなるような生命保険を節税対策に使う。掛け金は掛捨てだけど何年かして解約した段階では、掛け金の総額の8割5分くらい返ってくる。そうすると掛捨てですから掛け金は全部損金に落とせる。払わないで済んだ法人税の合計と、掛

け金との合計額より解約返戻金の総額が多ければその分儲けになる。という商品を最初に外資系が作ったのです。5年くらい前から日本の生命保険会社もみんなやり出した。それが平成31年2月に国税庁が、生命保険会社を全部集めて、これは解約返戻金がこれだけあることがハッキリしているのだから、それは認めないといって、売り止めになったのです。令和元年7月に通達が出ました。

川崎 新しい商品が出ると、どうしても課税する側としては後手後手になるのですよね。ただ、同族会社の行為計算否認という規定があります。「普通そういうことが必要なのですか？　名義変更をして後は個人で掛けるようなことが正当なのですか？」ということで、否認されることが必ずあると思うのです。後から追っかけて行って、「今後はダメですよ」、「それまでどうなんですか」って、そこでうまくスルーできればいいのですけど、同族会社の行為計算否認という伝家の宝刀を振り回されたときにアウトになって、えらいことになる。

今仲 そのやり方は、生命保険会社の営業担当者がお客さんに説明するわけですよね。当事務所のお客様が生命保険会社から説明を受けて、それをやったらどうなのみたいなのは我々に言ってくるわけです。それで我々が、当事務所では、「それは同族会社の行為計算否認を発動されたらアウトですよ」と、「したがってやめておいたほうがいいですよ」というふうに指導はしていますが、会社にしてみたら利益がどかーんと出ているのです。その時に掛け金が全額損金になるというか、節税できる。それで、どこかで解約をしたら掛けた金額の9割くらいが返ってくるのは税金が安くなった分と差し引きしたら儲けになるのだからそれが認められるのだったらやった方がいい、みたいな話なわけです。当事務所は「それは行きすぎた

節税になるからやめておきましょう」という考え方です。川崎先生がおっしゃったのは、それを途中で解約返戻金が少ない時に、個人がその解約返金相当額で買い取る、これは今の税法で認められている。それであと何回かは個人で掛け金を掛ける。個人に資金を法人から合法的に移せる。そういうことをやるっていう相談も、これも生命保険会社から提案を受けてやっていて、実際にそれをやっているところは結構あるのが実態です。それも当事務所は「行為計算否認をされたら終わりですから、やめておきましょうね」という指導をしています。指導していますが、やる人はいますね。

川崎 そうですよね。

今仲 継続して申告所得が大きな中小企業に対しての節税を目的とした経営者保険は、10年以上前から外資系生命保険会社が販売を始め、2015年頃からは日本の大手生命保険会社も販売し、多くの中小企業がその経営者向け生命保険に加入して節税をしてきました。保険商品は、その設計内容について、事前に金融庁の認可を得なければならないのですが、付加保険料と呼ばれる認可対象外の運営コスト部分について、生命保険各社は付加保険料を高くして損金算入できる保険料を膨らませ、結果として節税効果が高くなるように、過当競争を行ってきました。その上で、一定の年数が経過した時点で解約すると、それまでの掛金総額の大部分が解約返戻金として返還されます。そうすると、損金になった保険料の掛金に対応する分だけ法人税等の税金を少なくすることができ、約30％の法人税の実効税率分の節税できた金額が、実際の保険料掛金総額から解約返戻金を差し引いた実質負担額を上回ることになります。今の低金利ですから、借入れをして金利を支払ってもまだプラスになることも十分可能なわけです。金融庁

が付加保険料を自由化したのは、生命保険会社の営業努力でコストを圧縮して保険料を安くすることが目的でした。ところが節税保険の場合には、付加保険料を高くするほど節税効果が高くなり、加入する会社側のニーズを満たすという逆転現象が生じたわけです。

　国税庁は、「途中解約すると支払った保険料の大部分が返還されるような契約内容であれば、損金ではなく資産として計上すべきだ」との考え方です。これらのことが明らかにされたため、生命保険各社は「全損タイプの掛捨て節税保険」の販売を、平成31年2月14日以後一時取りやめるようにしたようです。

　もともと、経営基盤の弱い中小企業にとっては、経営者が死亡すると途端に経営が厳しくなり倒産することも十分あり得ます。そのために保険料掛金が安くて全額が損金算入されますが、万一経営者が死亡した場合には十分な保険金が会社に入るようにして、経営が安定するまでに必要な資金の準備をすることは「企業防衛」として中小企業にとってはどうしても必要なことです。当事務所でも経営者に万一のことがあった場合に対処できるよう、少なくとも借入金返済に困らないようにその企業に必要な金額を算定して、経営者を被保険者とする生命保険に加入することを積極的に進めています。実際に経営者が急死してしまった例でも、企業防衛保険に加入していて経営者の奥様が何とかその会社を継続して、一時は大変な時期があったものの、今は安定して経営されておられるお客様もおられます。これも、企業防衛のために非常に安い掛捨て保険に加入していたおかげといえます。節税保険は、このような本来あるべき企業防衛のための保険とは全く異なります。

　国税庁は通達等で、「節税保険」を損金ではなく「資産」として計上しな

ければならない旨の通達を公表しました。

　がん保険や医療保険などのいわゆる第三分野保険の保険料は、危険保険料と付加保険料のみで構成されていることから、保険料に含まれる前払い部分の保険料が相当多額と認められる場合を除いて、期間の経過に応じて損金に算入することとされました。

　定期保険は原則として全額損金算入ですが、新しい取扱いでは、最高解約返戻率が支払保険料総額の50％を超える定期保険については、支払い時に全額損金算入ではなくなります。ただし、保険期間が3年未満のものは除かれます。最高解約返戻率が支払保険料総額の50％を超える定期保険については、最高解約返戻率に応じて、支払保険料の40％、60％、70％、90％が損金に算入できず、資産計上しなければならないこととされています。

（左から）進税理士、今仲所長、橘税理士、川崎税理士、三村税理士

11

貸 倒 損 失

今仲 今日は「貸倒損失」、それから「債務の免除益について」です。先生方、調査の現場で貸倒損失、あるいは債務免除益というふうなところっていうのは、どうでしょうか？　調査の項目として、それほど重点項目として上がらないものですか？　それとも重要な項目の方に入るのでしょうか？

川崎 ある程度の額になれば検討項目として抽出されます。額については会社の規模にもよりますからなんともいえないですが。

進 当然、調査の項目には上がりますね。

橘 ある程度の額で上がってると検討項目には必ず入りますね。

三村 一応、ありますね。

進 否認って、あまり記憶にないのですが、時期とか…。

橘 時期の話ですね。

川崎 いつでも落とせるといったものでなくて、通達の定める理由で落とそうとすると、もう時期が過ぎてしまっている場合があります。繰越欠損金との絡みで考えすぎると後悔することになります。

今仲 なるほど。

進 特に法律上、いわゆる貸倒損失３パターンの中の法律上の貸倒れには、その切捨てしたときの、その年度しかダメだというのがありますからね。

川崎 機を逃すとね。

進 逸するというか、それできないことになりますから。

今仲 なるほど。

川崎 この貸倒れに至る経過の記録が残されていないことはありますね。「何でこれが今、貸倒れになったの？　それまでの手続はどうだったの？」って議論にはなることは、よくあります。

今仲 というのは、不渡りになった。不渡りになっても、即損失に落とせるわけではないですよね？

川崎 ないです。

今仲 とりあえず、２分の１だけ損金に算入して、というのがありますね？

川崎 特別勘定のことですか？

今仲 そうです。

川崎 はい。

進 あります。50％。

今仲 それは、不渡りになったっていったら半分落とす？

進 落としますね、はい。

今仲 そのあと、倒産とか法的整理で確定する。確定した段階で、損金に算入しないといけないのですね？

進 しないといけないです。

川崎 でも、法的手続をせずに貸倒れっていうのが、中小企業の場合には

かなりありますよ。

今仲 ありますよね。

川崎 貸倒れの経過の説明を求めても、「もう、取れないのです」「いくら言っても取れないのです」との答弁だけというのはありますね。だから、「請求した記録はどうなの？」って聞いたら、どこにもそんなのが残ってない。厳しい追及をすると、だんだんと機嫌が悪くなってくる。

橘 そうですね。それは、形式的に、そんな債務免除するというようなことはしませんからね。

川崎 しないからね。

橘 やっぱり、嫌ですからね。

川崎 だけど審判所の事例などで見ると、そういう手続がされていないというので、否認された事案は結構あります。

今仲 法的手続に入る前に、会社がもうどこにいったかわからないという状態になっているケースは多いですよね。

川崎 多いです。

今仲 そうすると、「債権放棄の書類を送って、結局相手に届かなくて返ってきた」というので、その時点で損金。

川崎 だから、そういう書類をきちっと残しておけば通ったものが、口頭説明だけで否認するというのは結構ありますね。

今仲 当事務所のお客様には、法的整理が確定するまでに落とすときには、まず債権放棄通知を内容証明で送るように指導します。調査をされていった実際のところでいうと、それがされないままに勝手に落とされているという例もあるわけですね。

川崎 結局、所得が思った以上に上がったときに、この時とばかりに、落

としておこうかということがありますよ。

今仲 なるほど。要は、法的整理になっていない状態をいいことに。

川崎 「もう、もうダメだ」というあきらめが先に立つのでしょうね。

今仲 「もう、今期はすごく利益が出そうだから全部損金にしよう」と。

川崎 相手に何の通知もしないままで。

今仲 なるほど。

川崎 だから、債権という意識があるまま落としているということはよくあります。

進 過去の調査で、正当に落として、簿外で回収したことがありますけどね。

川崎 できますよね、そういう業者もいますから。

進 落としても、相手と話はできているわけですよね。全く行方不明とかではなくて、一応もうそういう債権放棄かなにかしていたと思うのです。一応、裏で話はしていて、全部じゃなくても。返す時に、社長の個人口座に入れていたという話はありましたね。

今仲 それは調査では、その個人口座を見ててわかったのですか?

進 はい。そう大した額ではなかったという記憶はありますけど。

今仲 そこへ振り込んでいなかったら、わからないままいってますね?

進 はい、それはわからないですよね。そんなのまれですけどね。

川崎 特殊な事例になるのでしょうが、不渡りになったという手形の裏を見たら、その裏書人が公表外の個人の名前だった。個人の預金口座を見ていくと、他に売上げの入金がいくつも出てきたと。

今仲 なるほど。

川崎 いったん、裏で取り立てようとしたのを、不渡りになったからわざ

わざ表勘定へ持ってきた。だけど、手形の裏書きを見られたために、個人口座に入金された収入除外が発覚した。欲をかいたということですね。

今仲 へえ、そんなことする人いるのですね。

川崎 そりゃあもったいない、と思ったのでしょうね。いや、だから、通常取引じゃない手形を抜いてもわからないだろうという心理が働くのでしょうね。心理的には、理解できますけどね。

今仲 そういうところだから倒産になった（笑）。

川崎 そういう頻繁にない取引先の入金の分をその口座で取り立てしているのが、その手形のためにわかったということですね。

今仲 なるほど。

川崎 諦めていたら、ひょっとしたら、他のものまで、芋づる式に発覚しなかったのかも知れないですね。公表外の銀行まで把握するのは比較的難しいことですから。

今仲 通達では、取立ての見込みがあると認められる部分は損金に落とせませんよね？

川崎 はい。

今仲 だけどそれって、わからないといえばわからないじゃないですか？そんなところで否認するって、難しいのではないですか？

川崎 逆に問題にされる前に、その専門家に相談してもらう必要はあるでしょうね。どうしても「えいやぁ」という部分が出てくるのなら、やっぱり相談した上で、そして理論武装した上で落とすということは必要でしょうね。その時になって、支離滅裂な言い訳になる可能性というのは、どうしてもありますからね。

今仲 まず一番最初に手形が不渡りになりました。不渡りになったら、1

年経過したら半分落とせますよ、で、落としました。それで、そのまま置いています。法的手続はまだまだ先です。という状態で、まず、半分落とす時に、例えば買掛金等があったら相殺しないといけないですよね。

進 はい、そうですね。

今仲 その半分落とす時に、「取立ての見込みがあると認められる部分の金額」というのが、通達であるじゃないですか？　例えば担保されている部分とか。

進 はい、担保ですね。

今仲 普通は担保ぐらいなものですよね。

川崎 担保ぐらいですかね？

今仲 保険ってそんなあまり、売掛金債権とか手形で保険とかないと思うので。相互振り出ししている手形みたいなものもないでしょうからね、普通は。

川崎 融通手形、通常いうところの「ユウテ」ですか？

今仲 ええ、「ユウテ」。

川崎 あまり聞かないですね。

今仲 この頃は、もう聞かないですよね？　昔はあったのかもしれませんが。

川崎 意外と頻繁にありましたね。

進 担保ぐらいですかね？　あまり、私は思いつかないですね。

三村 大手さんは大抵、取引保証金っていうのですかね？

今仲 保証金ね。

三村 積ませてね。

今仲 中小企業は逆ですよね。積まさせられている。

三村 取る側じゃないですよね？

今仲 ですよね。

三村 税務署は確かに、貸倒れが多額に発生しており当期利益を大きく伸ばしていると、これはちょっと利益を圧縮するために無理やり貸倒れを計上したのじゃないかというような想定で調査に入ってきたりします。

今仲 なるほど。

三村 ただ、会社が回収不能を立証するのは、情報が入手できないため難しいと思います。相手方の財務諸表とか、その他銀行取引の状況とか、なかなか取れませんよね。税務署は取れるかというと、納税者の人よりは、情報は多少はたくさんあると思います。事前に、貸倒れで落とした会社に対してKSKシステムで検索したり、必要があれば照会をかけたり。決算の内容を確認した上で調査に入ってきますので。ただ、あくまでも税務署が保管する書類の範囲だけでの確認ですので、税務署側も事実確認は、確証を持って「これがダメ」とか「いい」とかいうようなところまではいっていないから、結構水掛け論の世界に入る問題だと思います。

今仲 なるほど。

三村 それで、それなりに回収不能であるということを納得してもらえる資料を、完全までいかなくてもね。集めていれば否認されるリスクはぐんと下がってくると思いますね。

今仲 不渡りとかいったらはっきりしているのですが、そうではなく、売掛けで回収しようと思っても全然払ってくれない。払ってくれないというだけでは損金に落とせませんから。それがもう、2年、3年、5年と続いているという状態のものを、損金に落としたいと社長は思っている。ところが、回収不能かどうかについて、証明のしようがないという話。

川崎 さっき言った、回収の努力の経過を残していないというのが、一番ネックになってくる場合もありますよね。それさえあれば、誰が見ても、これだけの努力をして回収できていない、ということが見えるわけですから。ただ、口でいくら言っても記録がなければ単なる会話になってしまうから、説得力に欠けますね。

三村 調査に入って言われたのは、いろいろ内容証明の郵便であるとか、それが何通か督促したりしているけどうまくいかないというような事実を記録で積み重ねて、その上で、調査でいろいろと聞いていくと、まだまだ不十分かなといいながら議論はするのですが、最終的に、「そうしたら税務署の権限で調べてもらえませんか、相手方の所在とか、もううちでは限界があるのです」、というような話になってきたときは、ちょっと否認の世界からは外れていきませんかね？　心情的にも。

川崎 わかったとしても、相手に言えないという。

三村 そういうようなところで。灰色状態で最終的には不問にされるパターンが、実際には多いと思うのです。

今仲 なるほど。ただ、そこへいくためには、過去のどんなことをしていたかという記録をきちんと残しておく。

三村 必要でしょうね。

今仲 それもないのに、口だけの話では認めらないよ、と。そこがやっぱり、いわゆる税務調査で否認を受けない最大のポイント。

川崎 悪くいえば、簿外で回収していたのではないかという疑問も、疑い深い調査官は見ますよね。

今仲 なるほど。

三村 あと、意外と多いのが、法的なそういう制度をきっちり段階を踏ん

で適用していくのではなくて、いきなりボンと貸倒れにしてしまったとか
ね。法律の規定を無視したような貸倒れ処理が時々ありますね。それはア
ウト。実際、否認されるのはそういう法律の適用を誤った事例っていうの
ですかね？　それがほとんどだと思いますね、事実認定というよりは。

橘 ▶ 多いでしょうね。

川崎 ▶ 私は１、２回あります。それと、審判所の裁決事例でも時々出てき
ますよね。事業に関係のない債権、貸付金を落としていた。「これって、事
業に直接関係ないですよね」って、個人的なつながりで貸した金が、たま
たま会社から出ている。だから、貸している時点では税務署は何も言わな
いのですね。利息の取決めをきちんとしていれば。ただし、貸倒れで落と
したときに、問題にされるということはありますね。

今仲 ▶ なるほど。

進 ▶ 取引停止というのは、売掛債権に限られますからね。その貸付金と
か不動産の売買とかは別です。それも一緒くたに考えているところがあり
ますよね。

川崎 ▶ ありますよね。

今仲 ▶ その辺のところが、通達できちんと流れが決まっていますから、そ
の流れに沿ってきちんと判断をするという、その経理規程、経理マニュア
ルみたいなものをしっかりと作っておいて、その流れに沿ってやってもら
う。それを、きちんと書類として残していけるように、経理部としては整
理をするというのが大事ということですね？

川崎 ▶ 貸倒れ処理自体がイレギュラーな処理ですから。やっぱり、相談し
てもらった方がいいですね。安易に落としたという指摘をされる前にね。

今仲 ▶ はい。当事務所のお客様の場合には、もう個別に相談がありますか

ら。別に不渡りがあるわけでもなく。だけど、売掛けでずっと残っていて、回収できないという状態で、「もう、これ損金に落としたい」みたいな話になったら、そこはやっぱりちゃんと相手に対して請求して、その請求に対する交渉の過程というのをちゃんと残して。だけど、相手が商売をずっと続けていると、難しいですよね？ それ、損金に落とすのは。

川崎 いや、よくあるのはね。「あとの売上げの分は回収できているのに、古いものが残ってた。だから、これどうしようもないので貸倒れで落としたい」ってことは、時々ありますね。

今仲 それ、落とせませんよね。

川崎 それって、ほんとに貸倒れなんですか？

今仲 それ、落とせませんよね（笑）。

川崎 もともと、その債権の発生時点に遡って、間違っていないかどうか？ 回収されていないかどうか？

今仲 だけどそれって、値引きで処理されていたら、わからないのでは？

川崎 わからない場合もありますが、多額になったり、内容的に不自然だったりすれば 問題として注目されますよね。

今仲 なるほど。

川崎 原因がはっきりとしていればいいですけど。

今仲 結構、多いのが長年取引していると、取引の慣習みたいなもので20万円とか30万円とか一定額がずっと回収できない状態で残っている。その20万円とか30万円とかっていつのものかわからないのです。

川崎 わからない。

今仲 そうすると、要は、最初にその入金になっているものが繰越し繰越しでやってきているので、残っている金額は、最新の最後の30万円なら

30万円だというふうに考えざるを得ないですよね。

川崎 それをチェックするのが、本来の決算手続だと思うのですね。それがお互い認識されていればわかるのでしょうけどね。

今仲 そうですね。

進 決算手続ですし、本来は、請求の都度に「繰越しいくらで」とかいう請求を出しますよね。

橘 そうだよね。

進 その1回きりのひと月分だけじゃなくて、「先月これだけ入金があって、残りこれだけ請求」って認識させないとね。

川崎 いや、必ずしもこっちが請求した分が、そのまま入金になるとは限らないから。

進 はい。

川崎 先方側で内部の支払のサイトっていうのが当然あるから、金額的に全く合わない。こっちの請求が、そのまま相手からの支払とは絶対ならないとか、結構ありますよね。それは、やっぱり決算手続の時に、決算整理の時に、その債権の突き合わせはするべきでしょうね？

今仲 そこそこ組織化された会社だったら、毎期決算の時に残高確認書をはがきで送る。往復はがきで、相手に確認欄にハンコもらって送り返してもらう、っていうのが普通ですよね。

川崎 いや、もう決算手続は全て税理士さんの仕事だと思っている会社はありますから（笑）。棚卸しだけやったらいいんでしょ、っていうね。あとの帳端とか、そういったものは。残高照合は税理士の仕事としては馴染まないのですけれどね。

今仲 中小企業の場合、それをきちんとやっているところが、どれだけあ

るかっていう話はあるでしょうね。

川崎 そうですよね。

今仲 それは税務処理の問題ではなくって、あくまでも決算確定の問題ですよね。

川崎 そうですね。

今仲 ちゃんと債権として確定できているかどうかというのを、相手はもう、値引きだと思っていたという話は結構ある話で。

橘 結構ね。

川崎 取引先の担当者が、机の中に入れていて経理に出せなくなったのでもう勘弁してよ、という話はよく聞きますね。

今仲 そういう意味で段階的にいうと、まずは売掛金の残高の確定。それが、まずは決算手続の中できちんとされているかどうか、というのが一番め。それをきちんとしていない会社の場合、確定していないという問題がもともとある。

川崎 貸倒れというよりも、売上げの計上ミス、誤りに戻る部分もありますよ。

今仲 そうですね。

川崎 「もう昔からこれ数字が合わなくて、わからないのです」っていう話は、いくらでもありますからね。

進 ありますよね、それ。めちゃめちゃなところありますからね。それこそ、残高確認書出すなりして相手に確認しないといけませんね。

今仲 経理部がしっかりしている会社の場合には、そこは個別にちゃんと毎期、債権残高の確認を往復はがきを送ってやるということをしている。そこで個別には、1つ1つは解決されていってるはずですからね。

川崎 ですよね。昔、こういう事例がありました。債権者側は貸倒れ処理をした。相当古い債権を「もう、この時期」ということで、法的な手続を全部して債権放棄した。ところが、債権放棄をされた方は、自社所有の建物に係る債務だった。受けた方は、債権放棄された額全額を、建物の価額から落としてしまった。相当古い債権だったみたいで、総額ベースで償却してきていますから、建物価格のほとんどかなりの部分を償却しているところに持ってきて、その債務を一括で建物から落としてしまったと（笑）。そういうところはありましたね。ちょっと乱暴だろうなと。情報提供しただけで、あとの調査の結果までは知り得る立場になかったのですが、そこそこ問題になったのではないかなと思う。

今仲 なるほどね。結論は、とにかく、毎期の債権額の確定をきちんと相手との間でやる、と。相手ときちんと売掛残高が一致していなかったら、そこは明確にその段階で記録に残しておく、と。

川崎 その1年にどういう手続を踏んだかということも記録に残しておくと。忘れてしまいますよね。説明がつきにくくなる。審判所の裁決の中にも、そういうことはよく謳ってあります。こっちが債権を放棄したと認識していても、相手は債務を免除されたという認識がないのだというような指摘は、時々出てきます。だからやっぱり、気分は悪いだろうけれども、書類は交わしておかなければならない。

今仲 そうですね。損金に落とす以上は、ちゃんと書類を出しておく。相手が普通に経営をしている状態で貸倒損失にして落とせることは、基本ありませんので。

川崎 繰越欠損金。期限切れになる直前に、代表者借入金を消して、利益を上げて繰越欠損金を消してしまうということはよくあります。

今仲 よくやりますよね。否認することはあるのですか？

川崎 どうなんでしょう？　ちょっと浮かぶのは、その債権者とその株主が同じであれば何も問題はないのかなと、税法的にはね。個人の場合にどうなのかなというのはあるけど。それが違う場合に、他の株主に利益が移転するっていう問題はありますよね。一株当たりの単価というのが当然出てくる、回復しますから。そうしたら、その人に対する寄付。贈与税の対象になりかねない。

今仲 オーナー1人で出資していればいいですけど。

川崎 株主が何人もいる場合。

今仲 それは贈与税の問題が出てきます。

川崎 それがなければ、ある意味、相続対策にはなるのですかね？

今仲 いや、これは結局、その役員からの借入金。役員からの借入金というのは、何で溜まってきたかというと、節税するために溜まってきているケースが多いのです。つまり、給料として取って、源泉も払って。法人での当期利益、当期申告所得は、プラスマイナスゼロにする。だけど、資金繰りが回らないので、そのまま借り入れる。そのまま借り入れておく。それが積み上がってきて、何千万円になった。返してもらえるわけもない。その人に相続が発生すると、何千万円も相続税の課税対象に、個人の貸付金として計上しないといけない。それは嫌だというので、会社が累損があると、その時に債権放棄をする。会社では累損が溜まっているので課税されない。オーナーが将来亡くなった時には、相続税も課税されないという、そのためのオーナーから会社に対する貸付金、これを債権放棄するというのはよくやるパターン。

川崎 それで、問題もないのではないかなと思いますね。ただ、他人が絡

んできたときに、さっき言った状態がある。

今仲 100％、オーナーが株主だったという場合には、贈与税の問題は発生しませんが、例えば60％しか持っていない。40％は奥さんが持っている時に債権放棄したら、当然、配偶者側が受贈益が発生する。ただ、債務超過になってる時にやったら、これって課税のしようがないですね。

川崎 株価がどうなるかっていうことなのですね？

今仲 そう。債務超過でマイナスになっているといったら、株価ゼロですから。

進 影響しないですね。

今仲 そう。

橘 益を立てても、まだゼロのままと。

川崎 極論すれば、昔は儲かっていたけど、ここ10年しんどくて赤字がずっとふくらんでいる。だけど、累積の剰余はかなり溜まっているという会社の場合には、当然問題になるわけですね。

今仲 結構、そういうケースもある。当事務所の関与先だったら、そういうケースはきちんと見て判断しますが、資産税のことはあまりよくわかっていない顧問の先生は、それがわからないので、ほったらかしになっている。それで、当事務所に相談に来てみたら、「債権放棄で、解決」というのが、そのままになっている。その金額は3,000万円とか5,000万円とか、結構な金額になってるという例は時々見かけますね。もう、中身を見たら、債務超過もいいところ。特に繊維関係の企業は昔は利益が出ていたけど、今はもうほとんど利益が出ていない状態。昔利益が出た時に、その節税対策のために給料を上げていて、資金繰りのたびにお金を、要は会社に貸し付けていたという状態のものが溜まったまま。もう儲からなくなっている

のに、そのままずっと引きずってきている。貸借対照表を見たら、債務超過になってて。そっちの債務超過の金額の方が、個人からの貸付金より大きいというのが、時々あります。

川崎 もうちょっと早く気がついていればということがある。

今仲 そうです。それで、相続が起こってしまってから、当事務所に来られてもどうしようもない。

川崎 逆の場合もあるのです。知らずに、債務免除を受けて、クリケツ（繰越欠損金）で消してチャラになったから、これでOKだと思っていたら、後から贈与税の指摘を受けて、「いやあ、そう言われるんだったら元に戻してよ」と、言われても遅い。

今仲 それは遅いですよ。それはそうですね。どうなのですかね？　法人税部門と、資産税部門じゃないですか？　その辺りで連携されていないまま、そのままいってるということはないのですか？　債務免除しました。株主はオーナーとオーナーの配偶者で半々でした。オーナーがすごい金額、貸付金になっていた分を債務免除しました。株価は出ました。という話になったときに、どうなのでしょうか？

進 法人担当からはその資料は資産税担当へいかないでしょう？

川崎 基本的には、いってますね。別表5(1)っていうのは、ある程度、いわゆる金額の大きい合計額の部分は、資産税の方で毎年情報収集していますから。

進 法人税の方から提供することはないですよね？

川崎 別表1と別表5とは、コピーを取ってそれを累積していってるから、突然に切り替わりますよね？　もし、それをやったら。繰越欠損金がガサッとなくなってしまうというような。

今仲 ただ、ＢＳ（貸借対照表）を見ているだけではわからないという話、あるじゃないですか？

三村 これは、20年ぐらい前かな、会計検査院の指摘を受けたと思います。資産税、法人税などを関連付けて見たら株式の異動があり、みなし配当が発生するが課税されていないなどの指摘がされた。それで、システムが変わったと思います。もう20年以上前だと思います。法人税の申告書が出てきて、一定規模の利益が発生しているところについては、資産税の担当が見ることになった。今はＫＳＫで電算化されたのでどうなっているかわからないですが。

川崎 ありました。

三村 回付していましたね。

川崎 2日ないし、3日の日程は必ず入れていました。

今仲 なるほど。だから、そのＢＳだけ見ていると、いわゆる時価で算定すると、表面上はＢＳだけ見たら債務超過だが、相続税評価額で時価で算定したらプラスになっているというケースには、贈与税の課税の問題が発生する。そこも一応、税務署の内部では、チェックする仕組みがきちんとあるのはあるということですね？

川崎 おかしな処理はされていなかったと信じています。

今仲 あくまでもそこは課税ですから、その場合には気をつけないといけないということで、そういうことのないようにきちんと事前に対応しておかないといけない。そういう意味でいうと、個人が債務免除をするときには、法人税だけではなく、相続税のいわゆる資産税の目で見て、課税が起こらないかどうかをきちんと判断した上で、課税が起こらないという確認をした上でやる。債務免除のときには、それが一番大事ですね。

進 そうでしょうね。

三村 それともう一つ。消費税の関係でいえば、いわゆる貸倒れが発生した場合は、売上げにかかる消費税を減らすことができますね。

今仲 そうですね、はい。

三村 それは減らしているのですが、もう売上げの中の突っ込みで、売上げから直に減算しているところもあります。税率が一緒であれば、結果的にはオーライだと思うのですが、貸倒れの場合は、古い税率の可能性もあって。

今仲 ありますよね。

三村 それを、最近発生した売上げから直に売上高で減算すると、法人税はセーフかもしれませんが、消費税ではアウトになります。だからこそ、消費税の申告書に、貸倒損失の欄がついているわけですから。結構、あそこの欄を使わずに、課税売上げの計算の欄で全部処理してしまう。

川崎 なるほど。決算の段階でね。

橘 それが多いですね、実際には。

今仲 3％から5％、5％から8％、そして10％。その古いものというのは、そこの部分をこそ、税理士が注意しておかないといけないでしょうね、会社に対して。

川崎 全国でそういう事例が出たら、やっぱり「そういう目で見て来い」というような指示が出てきますのでね。ピックアップ、極めて簡単にできますから。ある程度の規模とか、どこの項目にその数字が上がっているとか。

12

ゴルフ会員権・有価証券

今仲 次は、ゴルフ会員権・有価証券の譲渡の話ですね。

川崎 ゴルフ会員権を、いわゆる同族関係者に譲渡する場合には、絶対的に相談してほしいですね。実行した後で税務署の調査で問題あるとの指摘を受けて、どうしようもないということがあります。

今仲 なるほど。そういう意味でいうと、別にゴルフ会員権とか有価証券に限らず、不動産が一番多いのでしょうが、そういうものをオーナーに売る場合。

川崎 会社からという場合には、やっぱり、何らかの意図がそこにあるはずなのですよね。そうしたら、世間相場で売れば問題ないのでしょうが、その世間相場がどのくらいかというのが問題になる。できるだけ安くで売りたい、あるいは高く売りたいといった思惑が絡むことは往々にしてあります。会社の利益、個人の利益、いずれかに偏ると問題にされることは覚悟しなければならない。その額を決める際に、そしてそういう行為をする際には、先に相談してもらわなければあとからどうしようもない。

今仲 そうですよね。未だに、まだゴルフ会員権が高い時に買ったものを

そのまま会社で持っているというのはあるのですか？

川崎 あるでしょうね。

三村 ありますね、確かにね。

今仲 それを、「この際、損を出したい」というので、会社が売る。時価で売買するなら、税務上は否認はできないので、時価で売買を、というときの時価を適正にしないといけない。ゴルフ会員権には相場がありますからね。ゴルフ会員権業者の相場をネットで調べて、それで売買すれば問題はないのでしょうが。

川崎 ないでしょうね。

三村 ゴルフ会員権は取扱業者が入りますね。名義書換えに際して、評価の証明みたいなものを発行してくれますね。

今仲 はい。

三村 価格もかなり下がっているから、時価評価をして、その価格で取引して。否認は、もう最近ではほとんどないと思います。以前は貸倒れにしてみたり、半分落としたり。あるいは、評価減をしたり、いろいろあって否認されることが多かったようです。気になるのは、会社は損を出して代表者に名義を移したけど、ゴルフはそのまま会社の交際に使いたいというようなとき。個人の名義になっているけれど、それによってプレー代が交際費で落ちたり、給与や役員賞与になったりとか、あとあとの源泉所得税がらみ、交際費がらみの問題が出てくる可能性があるので注意が必要。損出しだけ考えるのではなく、プレーを続けたい会社はその辺を十分検討した上で、する必要がある。

今仲 なるほど。まず、入り口。例えば、損出しの話だとすると、例え手数料がかかろうと、業者を通じて売買するというのが一番問題になりにく

い。というのが一つめ。今度は法人の会員権ではなくて、個人のものになってしまう。プレー費用をその会社の経費として落とすということが認められるのか、認められないのかという問題が出てくる。そこは、気をつける必要があるということですね。

川崎 内容のチェックもシビアになる可能性はありますよね。

今仲 もう1点、私が気になったのは、「もったいないから手数料を払わずに」ということで、売買契約だけ作って、業者を通さずにゴルフ会員権の名義変更もせずに、個人のものとしているところもあるかと思うのですが、そんなケースはあまりないですか？

三村 ありました。

川崎 ありましたね。実際、何が変わっているって、何も変わっていないのです。他人ならまだ、そこに金銭のやりとりがあったりするので、ある程度の実証っていうか説明もできるのでしょうが、代表者だったときに、「それって中身何が変わったのですか？」って言われたら、損出しだけしたっていうふうな。

今仲 それで、お金のやりとりは、実際に仮に100万円とかであったとしても、それが実態として認められるかどうかという話は、そんなやり方したら出てきますよね？

三村 そうね。否認の対象になりますね。やっぱり、ゴルフクラブの会員名簿を確認されれば、もう一発でアウトですね。「法人会員のまま」で、請求書やら何やら全部法人の名義になるのですかね？　だから、もうたぶん、もろに否認になりますかね？

川崎 なるのでしょうね。

今仲 中小企業の場合には、中途半端にしそうな気がするのですが。

橘 法人の名前のままで、というのだったら、逆に、個人の名義だけど会社の資産に上げているというケースはありますよね。

三村 ありますね。

橘 はい。法人で入れない、というのがあるでしょうから。

川崎 法人会員、高くなるし。

橘 はいはい。

三村 それは認めていますね？

橘 認めてますね。

三村 法人会員もあるけど、ただそれですると高いので個人の名前にしているけど、実際には法人で資産計上して、プレーは会社で管理して使っているというのは、認めてますね。

橘 そうですね。

今仲 それを、その個人名義のものを個人に売買すると（笑）。

橘 あー、そこは（笑）。

今仲 やったときには、認めるのですかね？（笑）。

橘 実態が変わっているかどうかでしょうけども。

今仲 そう。例えば、年会費…。

今仲 資金も個人がきちんと出してちゃんと動いている。それ以降の年会費は個人で出している。その年会費まで法人で出しているところは問題ですよね？

橘 出しているところは、はい。

川崎 資産計上ね。個人会員で。

今仲 それで、売買します。個人にまた戻して。「個人名義だけれども、会社でゴルフ会員権を利用していました」というのを、売買して個人の所有

に変えましたと。ゴルフ会員権では、ずっと個人の名前だけれども（笑）。

川崎▶会費、法人のままだったら問題になるのですね、何も変わってない。

今仲▶そうですね。

川崎▶さらに、「一緒にやっている人はどんなメンバーですか？」っていうことで、今までつつかれなかったところまでつつかれたりする。もう、社長のお友達ばっかり（笑）。

今仲▶その辺り、なんかゴルフというのは、個人で好きな人が結構多いから、実態は個人が遊んでいる、仕事にはほとんど関係ないというふうなものも、実態的には、ありますよね？

川崎▶ありますね。

三村▶得意先を飲食で接待するのか、ゴルフでするのかそれは別にして、大手側から接待の需要がある。夜よりは昼の方がいい、と。

今仲▶なるほど。少なくとも、法人名義のゴルフ会員権を個人が買い取るというなら、ちゃんと第三者のゴルフ会員権売買業者、仲介業者を通して売買する。少なくとも、それは必要です。もともと、個人名義なら、それはその法人のＢＳに載せているというのを、個人が買い取るということは、それはあり得る。ゴルフ会員権の業者関係ないですからね？

川崎▶関係ないですね。あとは、その会費の問題であるとか、そのプレーに要する費用の内容の区分とか。当然、「個人名義にすれば、個人的に使う分もあるでしょう」という指摘は受ける可能性がありますよね。

今仲▶そうですよね。

川崎▶厳密に中身を振り分けていくということは必要です。今までどおりで何も変わらないとなってくると、痛くもない腹を探られる。

今仲▶そういう意味でいうと、ゴルフをしている経費は接待交際費なのか、

何でしょうね、普通は。それを、ずっと経費に落とし続けたいと思うなら、法人名義のままでずっと持っておくのがいいですよ。

川崎 かもしれないですね。

今仲 だけど、損出ししたいということが理由でやるなら、それ以降の会社としてのゴルフ会員権の経費化というのは、よっぽど注意しておかなければいけないよ、というところなのでしょうね。

川崎 もう一つの、その有価証券の譲渡というのは、やっぱり一つ問題になるのは、関連会社の株を会社から個人にという場合には、さっきの話ではないですが、絶対にやっぱり相談してもらわないと、後で元に戻してというわけにいかないよ、ということは、ありますよね。

今仲 そうですよね。ここの部分は、どっちかというと資産税の仕事の話。ところが、結構やっぱり中小企業の場合には、関連会社を複数持っているケースが多い。その場合に、社員持ち株会を作って従業員に持たせている。このケースの場合に、その従業員が従業員間だけで売買しているなら、これは配当還元でいけるのであまり問題にならない。もう買い手がなくなってくるというときに、それを回収するために発行会社がそれを買い取るというケースが、結構あったりするのですね。そうすると、もともと配当還元でこの従業員持ち株会の中では売買されているものですから、発行会社が買い取るときも、そんな高い金額で買い取ると、それが当たり前になると、みんなその従業員持ち株会の中での慣行が崩れてくるので、配当還元で売買する。

川崎 崩れてきますね。

今仲 発行会社が買い取ると、これ当然、時価で買い取らなければならないから、という問題が出てくる。もっともそれは、問題になるかというと、

資本等取引なので結果としては課税にならないのですが、ただ、配当還元で買い取ったとしても、みなし配当課税の問題が出てくるのですね。

川崎 そうですね。

今仲 その個人に対する課税の問題が発生するので、その人は買った値段で売っているのに課税が生ずるという問題が出てくる。それを解消するのにどうするかというと、関連会社で買い取る。

発行会社が買い取るとみなし配当があるけど、関連会社で買い取るとみなし配当がないものだから、そっちで買い取る。そのときには、配当還元で買い取る。と、当然、グループ会社でオーナーが50％超両方で持っていると、ここは買取り価格は本当は時価、いわゆる法人税法上の時価で買い取らなければならないという問題があります。資本等取引にはならない。今、川崎先生がおっしゃったように、そういう意味でも、関連会社、グループ会社の株の売買をするときには、必ず税理士に相談することが大事です。

川崎 安易にやったときには、大変なことになっても、もう取り返しがつかないよ、というようなことになる。「知らなかった」だけでは通らない世界になってきますよね。

今仲 どうなんですかね？ 例えば特調なんかで、課税になるというケースはあるのですか？ 本当は課税していないといけないのでしょうけど。

川崎 引っかかるか引っかからないかというのは、微妙ですね。ただ、資産税部門は法人の申告書を見る中で、別表2で株の移動をきちっと把握はしています。だから、同族関係者間の株の移動とかいうのは、ずっと蓄積されていって、いずれかの時点で問題になることはあると思いますね。それが相続の時点なのか、それ以前に引っかかるのかというのは別にして。そういう情報が蓄積されているのは事実ですね。

今仲 なるほど。有価証券の譲渡に関しては、それぐらいですかね？

川崎 だと思いますね。

三村 最近、税務調査に総合調査というのが導入されたのですね。

川崎 はい。みんなやっぱり、それぞれ得手不得手というか、専門分野が違うのでそれを相乗効果を出そうというので。

三村 今まで法人だけでは、あまり見なかったでしょう？

川崎 見ていないですね。

三村 非上場株式の譲渡の価格はどっちかというと、資産税担当の調査。もし問題が発生したら、法人税調査の担当者が資産税担当へ聞きに行くというような。ノウハウを持っている職員が法人税の担当の中には少ないと思います。それをカバーするために、総合調査で、特に、大口の傘下、業績のいい法人の株式の変動があるようなところとか、そういう総合調査でカバーする方法が取られています。

今仲 そうですね。もう、これ10年ぐらい前の話ですけれども。相続税対策で時価発行増資をしよう、というのを、お手伝いしたことがあるのです。要は、「オーナーの後継者が増資する」と。その時に、時価発行増資をする。法人税法上の時価で増資をするという、引き受けをするというのは、したことがあります。私はそれだけしたんです。顧問の先生がいらっしゃった。それで、法人税の調査の時に、資産税の担当の方も一緒に来られて。いわゆる総合調査。私はそのことだけをお手伝いしたので、そのことが問題になってですね。要は、時価が正しいかどうかというところで、問題になって。そこを最終的には、どういう決着になったかわからないのですが。私はもう、適正に評価をしてきちんとしているので、問題になる

わけはないと思うのですが、何か他にも問題が出てきて、それとごっちゃにして話し合いをしていたという話があったみたいです。

三村 ただ、法人税法上の時価も、あくまでも基本は非上場の場合は、財産評価通達が基本になってくるから。資産税に詳しい税理士さんがバックで事務処理をすれば、まず否認されることは…。

今仲 ないですよね？

三村 それを額面で取引するとか、500円なら500円とか。退職の時には会社が額面で買い取るとか、内容を抜きに額面取引を決めているところは、ちょこちょこ見受けます。やはり、それは危険だと思いますので。あくまでも非上場の場合は、財産評価基本通達をベースにそれに詳しい専門家に必ず頼む。そうでなければ、大きな問題が発生するおそれがあるということはいえると思います。

今仲 そうですね。今のお話は、本当にまさにそのとおりです。当事務所の場合には、監査部門と資産税部門と両方持っているので、そういう話が出てきたときには、そこはしっかりとやるような体制を取っています。法人税法上のその時価というのは、今お話があったように、財産評価基本通達で評価をしますが、法人税相当額、今は37％を引かない。それから、純資産価額を計算するときには、財産評価基本通達の価額ではなくって、土地等はそれを0.8で割り戻して、時価で純資産価額を計算しないといけないとか、評価のやり替えが必要です。そうすると、どうしたって高くなるわけです。その高くなるその金額になるというのを、きちんとわかった上で処理をしないと、今おっしゃったように普通の相続税評価額であれば、低い金額になります。やっぱり、そこら辺りはぜひとも当事務所にきちんと相談してほしい。顧問の税理士の先生が資産税に強くない、というケー

スも結構あるので。その場合には、やっぱり資産税に強い先生にも相談をしていただくということが必要。そこが難しいところで、顧問の先生にそれを相談した時に、資産税の先生を紹介してくれるような先生か、その先生が資産税に詳しくて、きちんとやってくれればいいのですが、よくわからないまま間違った評価をしてしまうリスクが、どうしてもそこでは出てくるというのもやっぱり、知っておいていただく必要があるかと思いますね。

川崎 通常の調査では、法人税の調査をしている人というのは、どうしてもその資産税関係というのは疎い部分があって、スルーしてしまう可能性というのは、結構あるかと思うのです。ところが、優良申告法人と表敬されているような法人の調査の場合には、「一点の曇りもない」というのが原則になってくるので、そういうのが例えば、持ち株の動きとかいうのも、5年ないし7、8年ぐらい一覧表にして、これを資産税の方に持っていって、ここで何か問題、出てくるのかな、っていう相談は必ずしますね。

今仲 なるほど。

川崎 動きがなければ、そういう問題は出てこないのですけどね。だから、会社の株式を異動させる場合は、専門家に相談する必要がありますね。

今仲 当事務所の場合には、関与先以外のお客様の法人の、いわゆる相続税対策、あるいは事業承継対策だけをお手伝いするということ、何件もやっているのですね。その中で、先ほどの例のように、法人税の税務調査が入った時に、そこの顧問の先生だけが対応する、これはスポットでやっていますから、そこのスポットの部分でやったことは、正しくやってますけども。

川崎 額的にも結構になってくる。

今仲 金額大きいですから。

三村 私は、有価証券譲渡。法人税の本を読むと、有価証券の譲渡については、上場株式の譲渡について主に書かれていますね。非上場の方は、通達に書いてあるだけで、目にする機会が、法人税担当としてはほとんどない。ですから、実際には知らない、よくわからないというのが実情という気はするのです。それ幸いにいい加減なことをすると、今先生がおっしゃったような大きな問題になってしまうので。有価証券、非上場の株式を譲渡するときは、慎重にやる必要があると思います。

今仲 当事務所の関与先でも実際に実行した話で、持ち株の割合が例えば、オーナー、オーナーの配偶者、その子どもで、Ａ社の分は例えば、「70 対 20 対 10」、Ｂ社は「90 対 10」みたいな形で違っていたとしても、これを株式交換でぶら下げるという対策でやるのですね。株式交換でこれをやると、Ａ社の評価額の高い会社を下に付けて、評価が低いＢ社を上にすると、その相続税評価が全体的に下がるのです。Ａ社もＢ社も法人税法上の時価を算出して等価にして株式を交換するということをするわけです。これってこの頃、珍しくないやり方になってきています。一つは、金融機関がそれを勧めている。それを勧めるときには、大概全国規模の大手の税理士法人を金融機関が連れて来て、そこがその作業を例えば、2,000 万円とか3,000 万円とかの報酬をもらってやる。それを、もともと紹介しているのは銀行ですから、ここの会社のオーナーの人たちは、それだけでもう信用してしまっているというケース。これが、結構増えてきているのですね。私は、これが怖いと思います。よっぽど、そこのところをしっかりやっておかないと、後で否認を受けるとすごい金額の課税ということが起こり得るので、注意はしておいてほしいと思いますね。有価証券の場合には、やっぱり中小企業の場合には、この非上場株式の株式交換、あるいは合併、あるいは

分社、これが今、一つのトレンドになってきているという感じを受けるので、それをすることが、会社の将来の経営をどうしていくかという、いわゆる資本政策として必要だという場面もあるでしょうし、その個人のオーナーの相続税対策という視点もあります。両方の視点で、やるときにはしっかりとその辺り対応できるところにお願いをする。それは、顧問の先生と事業承継支援業務のベテラン事務所とが情報交換しながら一緒にやるというのが私は理想だと思うのですが、なかなかそうはいっていないのが実態かなと思いますね。

川崎 税務調査もそういった問題については、一般の調査担当者というのは、ほとんど知らないっていったら語弊があるかもしれないですが、得手としていない部分です。当然、国税局が全部吸い上げて専門の人がその分については審理していきますから、徹底的にチェックされるというのは事実ですね。

今仲 なるほど。

川崎 スルーしてしまうことがないよう全部吸い上げるという体制にはなっていますから。一般の調査担当者が知らないからといって安心していたら、専門家が全部それを長い時間をかけてチェックしていく。チェックしたら、期限がない状態で調査をペンディングして、それだけは棚上げして調査を終わらせて、それだけを審議して、後日問題として指摘するといった体制は取られていますからね。

今仲 なるほど。当事務所は今まで何件もやっているのですが、今まで、それで否認されたことは一度もありません。やっぱり、そこはしっかりとしたところとやらないといけない。ところが、お客様にとってみたら、顧問の先生以外の先生を知ることがあまりないですよね。どうしてもそのと

きに、金融機関とかに紹介してもらうという話になる。そのときに、そういう大手でやると報酬が高いですから。私から言わせると、それは高すぎる。数百万円で十分できる。中小企業であればあるほど、「できるだけ安い金額でやりたい」という話になったときに、頼むところを間違って選ぶという話はあるということです。

川崎税理士　　三村税理士　　　　　　今仲所長

13

借　地　権

今仲 法人所有建物と、オーナーをはじめとする同族関係者所有の土地との借地権の関係についてまとめていきたいと思います。法人所有建物と個人所有の土地という関係での借地権の話からいきたいと思います。もともと個人事業の法人成りをするという場合に、個人の持っている土地と建物という状態で法人成りしましたというときに、家賃を払って建物を借りて、スタートすることにしました。ある時点で法人に余裕が出てきたので、建物を買い取って地代を払うことにしようかという、そういう相談というのは、我々よく受けるわけです。そのときに、建物は時価で売買しますが、通常は定額法で計算した建物の未償却残高で売買するということが多く行われています。法人税の世界で時価ということになっているのを、建物の未償却残高、それも定額法による未償却残高で売買するというのを、我々は普通やっているわけですが、課税する立場から見たときに、それで基本的には何の問題もなく現実は動いていっているのですが、そこの辺り、どうなのでしょうか？

川崎 問題になることはないと思いますね。逆に、それを「再取得価格」

とか言い出したら、それこそ訳のわからない世界に入っていきます。だから、残存価格の計算表というものがありますが、それで計算したらどうですか、とは、よく言ったことがあります。あれなかなか、私は便利だと思っているのですが、あまり、使ったという声は聞いたことがないです。

今仲 我々もそれは意識してないですね。

川崎 だから、まともに償却しているかどうかというのは、会社によっていろいろですよね。法人の場合は、まともに償却しているかどうか、わからない場合がありますよね。ですから、法定で償却したとしたら、未償却残高がどうなるのか計算する必要があります。

今仲 個人の場合には、減価償却は強制的に償却しないといけないことになっている。これが、法人税では、減価償却は任意償却になっている。

川崎 限度額になっていますからね。

今仲 法人税では限度額になっているので、任意でやれるということがあるので、今おっしゃったように、建物の未償却残高だとやったときに、本当に毎期、限度いっぱいまで償却しているかどうかはわからない、ということがあると。それを簡単に計算をしようと思うと、先ほど先生がおっしゃった残存価格の計算表というのがあるので、あれでやると簡単に出てくるよ、と。こういうことですね。

進 確かに、実際に使ったことないですね。

川崎 この表の存在を知らない人が多いですね。

今仲 定額法の計算方法と、未償却残高10％を残さないで今やっているその計算方法とでは、変わっているので注意が必要ですね。

進 償却の計算が複雑になりました。1円残すとか。特に平成19年4月1日取得分以降は、95％償却済み分は1円を残して5年間で均等償却す

ることになりましたね。

三村 ただあくまでも、法人の調査担当としては、よほど相当に高額とか相当に低額とかいう、そういう何かの不審事項がない限りは、たいていの場合は、未償却残高で法人がしてきた計算をそのまま認めていくことが多いと思います。要は、対案が税務署側も、どういうふうに評価したらいいのか？　と数字を具体的に聞かれたときに、出しづらいという側面があると思うのです。

菊田 資産税サイドでも、大体それでそんなに問題にしない。

佐伯 悩ましいのが、相続のときの時価は、固定資産税評価額。資産税は結構、それでなんとなく、というところはあるのです。

菊田 確かに。

佐伯 だから、今、固定資産税評価額がすごく高いまま残っていて未償却残高が低くなっているものが、結構あるのですね。

今仲 実際はそうですね。

佐伯 そのときどうするかってなってくるってこともありますよね。未償却残高で申告してくれば、なんら問題にならない。クレームはつけないですね。相続税の世界と所得税・法人税の世界の違い。

今仲 それはおっしゃるとおりです。資産税と法人税、所得税との違いというのはやっぱり。相続開始時点の評価額、あるいは贈与時点の評価額というのは、建物は固定資産税評価額になっている。

菊田 そうですね。

今仲 同じ時価でありながら違うのが悩ましいところというのがあるけれども。これはもう、「税目によって違う」と割り切るしかない。

菊田 そうですね。

今仲 まずは入り口は、売買は普通は未償却残高だけれど。例えば、「特定事業用資産の買換え特例を使っている」とか、あるいは特別償却をしていたとか、ということがあるかもしれないので、そこはきちんと確認をしないといけないというのは、実務上の大事なところかとは思います。そういうことがない限りは、未償却残高で売買していれば何の問題もないというか、特に問題にされることはないと考えておけばよいということですね。

　次に問題になるのは、地代とそれから借地権の問題ということになるのだろうと思います。まずは、借地権の問題にいきたいと思うのですが、ここは、これも法人税と相続税で、基本的には一緒だと思うのですが、いわゆる、借地権の認定課税の問題があるので、次に注意しないといけないのはそこだと思います。個人所有の土地の上に、法人が建物を持つということになるので、建物を所有している側が土地を借りているという状態になったときに、借地権の移転があったのかどうかということが問題になる。土地所有者と建物所有者が違う場合には、借地権が発生するというふうに考えるのが原則である。その原則はそうなのだけれども、現実の問題としては、そうではない。当事者同士がそうは認識していないことがあるので、借地権の無償返還に関する届出というものを出せば、借地権の移転がなかったことにする。ただし、その前提は、土地所有者と建物所有者との土地賃貸借契約において借地権の移動がないことが明記されている、というが前提である。これで間違いないですか？

菊田 はい。将来、土地を無償で地主に返還するという契約ですね。

佐伯 借地権がないという発想じゃなくて借地権の価格を見ませんよと。建物所有者に借地権はないといっているんじゃなくて。

菊田 そうですね。

菊田 借地権は、あるのだけれども、権利金としての認定課税は行われませんということですね。本来、借地権自体はあるのだけれども、法人にとっては権利金の支払となると高額でかなりの負担。要するに、税務上、弾力的に取り扱われているのですね。

佐伯 使用貸借との違いですよね？ 使用貸借であれば借りている人に、全く権利がないじゃないですか。この場合は、「借地権、一応あるのですよ」と、借地借家法上の権利としてはあるのです。

今仲 まず、一番最初は権利金の授受があるかないか。その権利金の授受が、適正価格で行われているかどうかというのが次にあるのです。権利金の授受がないと。借地権は無償で渡したのではないか、という話になると。だけれど、契約に「契約期間満了時に返還するときに、無償で返還しますよ」と書いてあれば、その権利金の授受がなくても課税はしませんよと。

菊田 そうですね。

今仲 そういう建て付けですね。

菊田 地主と建物所有者で税務署へ届出書を出してくださいよということです。

今仲 それは、地主と建物所有者との間での、建物土地賃貸借契約にそのことが書いてあって、かつ、地主と建物所有者との連名でその契約書を付けて無償返還の届出書を税務署に出すと。そうすると、税務署は「それを認めましょう」となる。

佐伯 あくまでも、税法だけの世界。

菊田 民法とは違うって話ですね。認識の違いですね。

今仲 民法・借地借家法はあくまでも、その土地所有者と建物所有者は違い、借地権は建物所有者にあるという考え方ですね。次に問題なのは、地

代の問題。地代を適正に払っているかどうか。それは、借地権の無償返還届出書を出しているということと、通常地代でいくか相当地代でいくかということとの兼ね合いがある。借地権の授受をしていなければ、権利金の授受をしていないという前提で、無償返還の届出を出すことによって通常地代で。

菊田▶無償返還の届出書を出していても、賃貸借の形式と使用貸借の形式があるから、賃貸借の形式のときにいくらでするかの話ですかね？

今仲▶そうですね。

菊田▶地代の設定の金額を、通常の地代ぐらいでするのか、その辺はあるかもしれません。無償返還届出の中には、賃貸借としてのその地代を払う場合と、全く支払わない場合の2つあって、相続税の評価の話になりますから、賃貸借の場合についての相続開始時点の土地の評価としては、自用地評価額から20％控除した金額になりますよと。使用貸借の場合は、自用地評価額そのままで評価しますよというような、取扱いになっています。その賃貸借の契約のことですかね？　地代のいくらにするかという話ですかね？

今仲▶そこの話って、法人税法上の経過期間中の話として、地代のやりとりの問題があるのです。相続税法上の話というのは、あくまでも相続開始時点とか贈与時点の、その時点の状況がどうかで、その借地権があるかないかの判定をするわけです。法人税法上の話は、あくまでも、適正地代を払わなければいけない。

川崎▶「相当地代」というような言い方をしていますよね。

今仲▶借地権の収受がない場合には、地代は相当地代でなければならない。

菊田▶そういうことですね。だから、「無償返還届出書を出していなくて

も相当地代であれば、借地権課税しませんよ」と。相当地代と通常地代の間の部分については、差額地代があれば。

佐伯 だから、個人が地主だと、何ら少なくても問題にはしていないのです。地主が法人だったときに…。

菊田 課税されるのですね。

佐伯 あくまでも今、地主個人と借主法人という形でいくからにはもう課税は出てこないという。

今仲 無償返還の届出を出していようが、出していまいが、相当地代が原則ですよ。

佐伯 であれば、認定課税しませんよ、と。

進 今の話、無償返還届出していて、相当地代も何も収受してなくても、認定課税しないのですか？

菊田 しないですね、法人は。

佐伯 個人は何ももらっていないから、課税のしようがない。

進 例えば個人の調査に行ったときに、地代をもらっていないことに対しては何もないのですか？　チャラになるのですか？

今仲 所得税の世界では、実際に授受していなかったら、認定課税というのはありません。

菊田 そうですね。

佐伯 考え方自体がね。

進 私の経験でも、借地権の課税処理をしたことは確かにないですね。

今仲 ただ時々、法人地主、別法人建物所有者、ということがあるので、そのときには、相当地代をちゃんと払っていなかったら、大変なことになる。

川崎 そうですね。ある一定の期間で計算していく必要がある。自然発生の借地権というのは、以前はよく問題になりました。最近は、土地の価格は上がらないから、ほとんど問題にならないのでしょうが。

菊田 今の場合だと、個人の地主の場合は課税されない。そういうことですね？ 法人同士で上がったら、それは課税対象になるよ、ということですか？

佐伯 そうですね。地主法人が課税です。

菊田 いわゆる、前提としての個人の地主、オーナーで、同族法人の所有建物という、そういう前提。

今仲 地主法人の場合に、地価の6％の相当地代を受け取っていなかったら、その地主法人の側に認定課税が発生する。

進 寄附金？

川崎 ですよね？ 逆に、借りている側に借地権があるという認定になるわけですから。

今仲 借地権の認定課税って実際にあるのですか？

川崎 やった記憶はないですね。

佐伯 現実、「認定しますよ」といったときに、無償返還の届出を提出する。実際問題として、そこで出てくるのですよね。

菊田 その場合でも、当初の契約書に、「将来、無償で返還しますよ」、というのがあった前提で、後で出してもいいよ、という話なのです。もともと契約書もない場合には、後から出せないよと、そういうことになっていると思います。

今仲 現実の世界は後出しで、それ作って出しても認めてもらえているという世界はあるのかもしれないということですね？ かもしれない（笑）。

基本は先生がおっしゃるように、入り口できちんとそういう契約をしているという前提。

菊田 無償返還当然なし。昭和55年に創設されたのですよね？

今仲 そうですね。

菊田 でも、40年近くになっているのですかね？　昭和55年っていったら。

川崎 もともと、そういう争い事を税務上、もうしないでおこうという制度だから、後出しでも、ということなのですよ。

今仲 その辺のことを整理も何もしない状態で、第三者に売った。売ってしまって、どう申告したらいいのかという相談を受けたことがあります。これから申告するときに、その時点の借地権がどっちにあったかの割合で、それぞれの所得になるわけですから。例えば、法人は大赤字で、法人の方の借地権にしたいという相談を後から持ちかけられても、どうしようもないという話ですよね。過去の地代の状態で借地権、あるいは無償返還の届出をしていたか、していないかで、借地権はその時点でどちらにあるかは自動的に決まる仕組みになっている。入り口の話は先ほどからずっとしていますが、今度は出口の問題として、借地権の問題というのは現実にあるのかなということなのですが。まずは、法人税の先生に聞きますけれど。そういうケースで、実際に後から、つまり調査に行ったとして、法人建物所有、個人土地所有者の状態で売買があった。お金は法人には建物分だけしか入っていなかったと。ところが、無償返還届出も何もなくて、地代は通常地代を払っていた状態だったと。借地権はどう見ても法人にあるので、法人に認定課税した、みたいな話はありますか？

進 ないですね。

今仲 ない？

川崎 ないけれども、問題にはなるでしょうね。

今仲 私1回だけ、課税をされたという税理士に話を聞いたことがあります。それってわかりますものね？

川崎 わかりますよ。

今仲 (笑)。調査に行ったら。

川崎 はい。建物の除却損が出ていたりするわけですから。

今仲 借地権の計上がなかったので、それが認定課税されたという話を聞いたことがあります。

川崎 どこまで真剣に課税するかという問題はあるのでしょうが、問題にはなりますよね。無償返還の届出書を1枚出していたら、俎上に上がることもなかったのが、それを出していなかったがために、当然、分け前をよこせ、というような事例というのは、出てもおかしくないですよね。そういう事例で、自分が当たったことはないですけれど。

橘 その時の法人が、黒字か赤字かで、考え方が (笑)。税金になるかならないかという話になると、赤字のところ、法人の借地権を認定しても課税にならないということでしたら、そんなのはあまり見ないですよね。

今仲 もうだいぶ前の話ですが、1回それで法人に課税されたといって、税理士の先生がとても慌てていて相談を受けたことがある。

菊田 通常、借地権はあります。

佐伯 そうですよ。地代も払って建物を持っているわけですからね。原則、借地権ありですものね。

菊田 一緒に売ったという形に見るよね、どうしても税務署は。

佐伯 それで、さっきの無償返還届出書を出していたら、借地権の価額は

ないということになるのですね。

今仲▶申告が終わってから？　え？　申告が終わった後ですよ。後から無償返還届出書を出すから、これはなかったことにしておいてって、ありですか？

佐伯▶（笑）。それはないですよね。

菊田▶それはない。

今仲▶申告は終わっています。だけど、通常の法人税の調査がありました。その時点で、借地権があったはずなのに課税が起きてない。ここは赤字でもなんでもなかったっていったら、課税するしかないですよね。

川崎▶そうですね。相当の地代の授受がなければね。地代、低く抑えたままできていたら、当然問題になる。

今仲▶それやられたはずなのです。ここでは、この個人の側の申告の問題が出てくるのですよ。

菊田▶譲渡所得で借地権を含めたところで申告している、個人がね。本来は、借地権って法人にはあるわけだから。

今仲▶法人はそれできました、と。個人の側は、まともにちゃんと100％で譲渡処分申告していましたといったら、それは、更正の請求できますよね。要は、こちらも職権で減額しなきゃダメですよね。

川崎▶更正の請求がなくても、職権で。

今仲▶やりますよね？

川崎▶はい、はい。

三村▶それで、分離課税ですね。そうすると、たぶん長期譲渡。いわゆる税率は、低い。法人で更正すれば、税率30％超えると。

今仲▶その当時、20年ぐらい前だったら、かなり税金が高かったと思うの

ですが、この譲渡所得税の税率も高かった時ですね。

三村 しかし法人は、更正しなければならないと思います。するとかしないとかじゃなくて、誤りは是正しておくというのが本来の姿だから。

今仲 法人税の修正と、個人の減額更正をするという。

菊田 それ妥当ですよね。

川崎 実効税率の違いで、かなりの問題になる可能性はありますよね？

佐伯 本来は、やっぱり「借地権あり」と見ますね。

菊田 身内同士の取引だからそうなっただけの話で。通常、第三者の法人のその建物だったら、必ずそれは借地権のやりとりはあるはずです。それは身内同士のそういった特殊な取引だから、そういう話になっただけの話であってね。

川崎 その三者に利害関係がなければ、税務署が口を出すような話じゃないですね。自由な経済取引だろうから。

菊田 経済取引。特殊な取引だから、そういう問題が出てきたのだと思いますがね。

今仲 そのあと別の事案で土地が個人で、大きい建物を法人が建てていて、これを第三者に売ると。売るのですが、税金はどうなりますかって、事前の相談を受けてやったことがあります。これはもう、無償返還の届出も何も出していなくて、普通の地代のやりとりを長期間やっていた。一方で借地権は法人にあるので、法人の方は借地権ありで、大阪市北区でしたから借地権割合7割を法人のものとして申告し、個人は3割、底地だけで譲渡所得の申告をしたというのは、実際にやったことがあります。

川崎 事前に相談があれば、それなりの対応は取れるのですよ。それを争ったとしても、何らかの手は打っていけると。それなしにやられたとき

には、もう手の打ちようがないと。

今仲　ですよね。

菊田　そのときに相談があるのは、「金額はいくらにしたらいいのか？」とか。

佐伯　借地権の場合は、「割合はどうしましょうか？」いうのはありますよね？

菊田　うん、割合をね。相談でも出てくる。

今仲　だけど、あれは地域によって決まっているから、それでするものではないのですか？

佐伯　まあ概ねはという説明をし、ただ、70％のところを、じゃあ60％でやってきたときどうするか？

今仲　ああ、なるほど。

三村　一般の書籍を見ると、不動産鑑定士の結構有名な先生の本とかを読むと、借地権割合で実際に取引されているかいうと必ずしもそうじゃない。実際にはもっともっと低い価格で、というようなことが書いてあったりしますのでね。ですから、結構悩ましいところが。

菊田　そうですね。第三者同士だったら、特にというものがあるのだけど、やっぱり、特殊関係者同士、身内同士となると、税務署の方も課税上、厳密に贈与性があるかないか、適正かどうか、よく時価については検討しています。

今仲　そこはもう資産税の世界ですからね。

菊田　そうそう、そうなんですよ。

佐伯　いや、ちょっと。個人。所得税の話。だから課税上、弊害がなければというものがありますから、それぐらいの幅だったら、あえて更正まで

はしないでしょうね。

川崎 法人の調査担当者は資産税の方に相談にいくでしょうね、そういう場合には。ほとんど、専門外でめったにある事例じゃないですから。審理に持ち込んだとしたも、資産税の方との協議になると思います。

三村 ただ、表立った争いになると、審判所にかかるとかになるともう正攻法で。例えば、不動産鑑定評価を入れたり、いろんな審判所自身が鑑定に関与してきたりして、純然たる法律上の争いになってくるとは思うのです。実務上は、多少は低くても、目に余らなければ、認めているのが実情だと思いますね。

今仲 私の立場上から考えて、「もう財産評価基本通達の、いわゆる路線価に出てる割合で、それ判定しましょうね」っていって、処理はしました。法人の方が有利か個人の方が有利かという、実際の問題はあるわけです。そこは、ある程度幅があるよ、というふうに考えてもいい。あくまでも時価なので、その時価ということを例えば、正しいきちんとした仕事をしてくれる不動産鑑定士に鑑定をお願いをする。

菊田 これを見るときは、借地権と建物とを、適正に按分しているか、妥当かどうかという話が出てくるのですね。それで、計算上合理的で全体的に妥当かといったところで、算定根拠を見ます。特に問題がなければ大体認めているという感じかなという気はしますね。

三村 実際に、先日税務調査がありまして、立ち合いをしたのです。個人と法人の間で不動産の移動があって。そのときに、借地権が一緒に動いていたのです。調査の連絡があれば、当事務所では過去の申告も遡って、問題にされやすい事項について事前のチェックをします。そのときに借地権等について調べました。ややちょっと低いかなと思いましたので、低い理

由、なぜ借地権の割合が低くなっているのか、その辺の理由付けを考えました。その辺を説明できるような状態にして、調査に臨みました。実際には、説明を求められることもなかったですけれど。それを通じて考えたのは、多少の上下の幅はあるにしても、説明のできる程度、といいますか、あまり節税、節税で、根拠のない率は採用しない。特に、下げる必要性、理由がない場合は借地権割合でいくのが正攻法かなとは思いますね。ただ、いろんな取引の事情があるので、それなりの理由がある場合にはそれをきっちり説明できるような状態にしておくことが重要かなと、そのときの調査で感じましたね。

今仲 それぞれの事情というのがやっぱりあるわけですから、その事情に合わせて実態もきちんと見て、説明できる範囲であれば、それをきちんと書類化しておく、書面として残しておくということを前提として、いわゆる財産評価基本通達の路線価のあの割合とはちょっと違う、ということは許されるというふうに考えていいだろうという結論。当事務所の場合には、そういうふうなことを事前にいろんな形で、先生方とも相談しながら証拠を残す、経過を残すようにしていますので、そこの辺りがやっぱり、実際の税務調査に対応するときには非常に重要なポイントになってくるということです。借地権は、何も財産評価基本通達の割合が全てではないということも、やっぱりきちんと認識した上でやっておくことが大事ということで、この話は一応終わりにしましょう。

佐伯 法人は基本的に「出口課税」ということで、あまり。

今仲 菊田先生がおっしゃったのは、資産税の世界で株式評価をしようとするときに、借地権については、他人の土地の上で地代を払って建物を所有していると帳簿上に載っていなくても借地権があることは当然あり得る

から、そのときにはその借地権をきちんと評価した上で、建物所有者の側の法人については、株式評価をしないといけないという問題もあるので、これはきちんと認識しておかないといけない。今、当事務所では十数件の事業承継対策のお手伝いをしているのですが、事業承継対策のお手伝いをするときには、株式評価は必ず出てくるわけです。その株式評価を適正にしていくということが、要は「組織再編も含めた事業承継をどう進めていくのか」という前提になるわけです。その時に、殆どの中小企業は、グループ会社を持っていますね。何社かある。その何社かある中で、個人所有の土地に法人が建物を持っている。それがA社。B社も、個人所有の土地の上に建物を持っているというふうなケースで株式評価をして。これを組織再編しようかみたいな話って、当然出てくるのですよね。株式交換とかやる。そうすると、借地権がそれぞれ載ったかたちで株式評価をした上で、株式交換をポンとするというふうなことは、現実にやっぱり出てくる、という世界がありますね。それって、資産税の世界じゃないですか？　その株式評価をするというのは。その株式評価、資産税の世界というのは、あくまでもその時点の評価でやる。事業承継がらみでの組織再編と、事業承継税制を使って先代経営者が後継者に株を贈与する、という相談というのはすごく多い。そういうときに、よっぽどしっかりとそういった規定とか、それから実際問題のやり方とかっていうのを勉強しておかないと怖いなと、つくづく感じているところです。組合を作っているところがあって。組合形式のというか、第三者の企業と一緒に組合を作っていたのですね。その組合を、もう解散したい。解散したいけれど、解散する時にそこではまだ事業をやっているので、紹介を受けたお客様が、その事業を自分の会社で引き続いてやっていきたい。だけど他の組合員は、もうやめたいと

言っている。この組合を株式会社に組織変更しようという話をしているのですね。まず、その組合の他の第三者の組合員から、その組合が口数、持ち分の口数、これを買い取る。つまり、金庫株のようなかたちで買い取って、自分だけの組合にする。組合というのは成り立たなくなりますから、その時点で株式会社にするというふうなことを、できるのかできないのか調べていると実は、それができることがわかりました。我々から見ると特殊な話なのですが、組合はいろんなところでたくさん作られている。そういう話というのは、事業承継の過程でたくさん出てきているなというのは実感しているところですね。今の話の借地権の問題とか、そういうさまざまな問題をきちんと整理した上でやらないといけないというのがある。やっぱり、経験とそれからそれを基にした法的な関連する法律も含めて、整理をしながらきちんとやってかないといけないというのを強く感じているところです。

川崎 税法自体が、例えば相続の場合だとその時点、相続の時点での評価を全部、そこで全部清算される。でも、法人の場合は、期間損益プラスの清算をした時に全て課税できると。結局、課税されない状態があったら具合が悪いけれども、清算時点でそれがいつになるかわからないけれど、そこで何らかの課税が確実にされる。要するに、株主に対して配当という課税も最終的にはできるわけですから、そこで問題はないという考え方なのでしょうね。それをごっちゃにすると、なんか話がおかしいなということになる。

菊田 相続税というのは、相続開始時点の資産の評価になりますので。

川崎 そう、その時点だから。法人の場合は、期間損益プラスの清算した時の財産の配分で全て終結する。「課税時点が違うけれども、課税は必ず

されるんだ」という前提なのですよね。

今仲 それをごっちゃにして考えないといけない場面が出てくる。

川崎 そうです。

今仲 いろんな場面で。それは、きちんとそれぞれの基本的な考え方を整理して理解しておかないと、それこそ大きな間違いを犯す可能性がある。その一つが、今の法人税制の話と株式評価の話の借地権の問題、というふうな話なのでしょうね。

（左から）菊田税理士、佐伯税理士、三村税理士、川崎税理士

14

消費税・印紙税

今仲 次は、消費税の話に移っていきたいと思います。いろんな場面の消費税の話がありますが、消費税と法人税の世界でいったときの、調査のポイントとは何でしょうか？

川崎 税務署でよく問題にする消費税の区分の誤りとして、法人税の世界で非違があったときに、連動して発生する消費税と、消費税固有の誤り、つまり固有の非違というのを必ず問題にします。

今仲 はい。連動したという話は…。

川崎 連動して発生する消費税については議論はないですね。

今仲 消費税固有の問題で、問題になるようなケースって、どういうケースがありますか？

川崎 新聞ダネになってる話がよくありますよね。

今仲 と言いますと？

橘 還付を受けるための、その辺の話ですよね。

川崎 還付を受けるために、輸出入を仮装するといった話ですね。

今仲 今、話題だとすると、金ですかね？

川崎 そうですね。それが一番の話題として出てくるようですね。

進 消費税の調査では、法人税に連動しての消費税の誤りと、今おっしゃられたように固有の誤り、つまり、消費税だけの誤り、法人税は影響していない消費税だけの誤りで、税務調査の実績として両方が必要なのですよ。特に、固有の非違というのが必要なのです。例えば、一番多いのが課否判定、消費税の課税区分の間違いですね。要は、控除税額の中に、本来は課税仕入れできないのに課税仕入れを入れていたとか、ありますよね？

今仲 はい。

進 そうすると、法人税の調査の話ではなくて、要はもう消費税独自の課税区分の判定の話となります。それで誤りがあれば、固有の誤りということになります。

今仲 わかりやすく言うと、例えば、売上げが漏れてましたと言っていたら、法人税は売上げが漏れていたので修正する。同時に、売上げにかかる消費税も修正するというのは、連動して修正するものがあるということですね。それとは別に、今、進先生がおっしゃったように、消費税の…。

進 独自の。

今仲 独自の、要は課税仕入れできないのに課税仕入れをしていたとか、課税売上げなのに課税売上げにしていなかったとか、というその消費税固有の問題での修正。その二つがあるよと。調査する立場からすると、その両方を要求されると。こういうことをおっしゃっているのですね？（笑）。

進 そういうこと（笑）。

橘 調査としては、4税同時調査というかたちで、「法・源・消・印」ですから、法人担当者は調査に行けば、法人税プラス源泉所得税、それから消費税、消費税のうちの固有の非違、それと印紙税。この四つをバランス

よく、全部取ってきたか？　と。そういう辺りが評価のポイント（笑）。

今仲　なるほど。「ちゃんと目配りしているか？」ということですね。

川崎　消費税率が低い頃には、消費税で問題になっても金額的にはそんなに大きな課税額にならなかったようですが。消費税率がだんだん上がってくると、固有の非違があると、額もある程度張ってくるのですね。逆にいったら、消費税率が高くなると、それを何とか抑えたいという心理も働きますよね。だから、余計に注意して見ていくというのが、流れとしては当然のごとく出てきていますよね。

今仲　10％になったところですからね。

川崎　そうですよね。

今仲　その消費税固有の非違が見つかるケースとは、具体的にはどのようなものがあるのですか？

三村　個人の税務調査を受けた事例ですが、不動産の貸付けをやっておられた方ですが、最初は某大手通信会社にアンテナ用の基地をマンションの敷地内に造らせてあげていました。土地が課税か非課税か、ということなのですが、当初は課税売上げとして申告していたのですね。それが、数年後に東京で、その通信会社の調査があったみたいで、それを機にこれは土地の貸付けだから非課税だ、と。先方でいえば、課税仕入れにならないということで、否認したのだと思いますね。

今仲　それは、土地の上にアンテナを置いていた。だから、地代としてそのアンテナを置く代金というかそれは地代だから、非課税だと。

三村　非課税ですね。

今仲　いわゆる、アンテナ設置に伴うものを、通信会社は払っている側。払っているとこれは「消費税は非課税でしょう」と言われて、仕入税額控

除はその通信会社側ではできなかった？

三村 そうです。

今仲 なるほど。

三村 その貸主である方は、今まで課税売上げにしていたのを通信会社は税務調査を受けて非課税でいいですよ、ということで、それを機に非課税売上げにした。過去に遡ってできたので消費税分を返金しました、非課税ということなので。さあ、それから数年後に、今度は国税局ではなく、貸主に税務署の調査がありまして。これは課税ですよと。課税売上げの計上漏れになりますよ、ということを言われまして。「それはないだろう？」ということで、いろいろ調べた。その通信会社にも契約内容の確認とか、調査の経緯を知るためにおじゃましたり。それから、現場を確認して。よくよく見れば、土地じゃなくてマンションの一部。

今仲 マンションの建物の上にアンテナが立っていたと？　マンションに引っ付いていた？

三村 そうです。アンテナは、建物の屋上と壁面に設置されていました。それから、電源用の土地を貸していました。土地は、マンションの１階の部分を貸していまして。今回の調査の指摘の方が正当であるということで、調査で直しました。そういうふうに、一つの物件が調査の仕方如何で課税になったり非課税になったり、というようなことで、課否判定には非常に微妙な問題がつきまとっていることが多々ある。特に、土地については多いと思いますね。単なる更地貸しなのか、施設が付帯しているのか、その他貸す態様によってですね。なぜ、間違ったかというと、文書だけで契約内容を判断してしまって、通信会社は全国一律に処理したからですね。

今仲 なるほど。では、貸している側が、仕入税額控除ができない？

川崎 貸している側は、非課税売上げでいいのでは？

今仲 貸している側は、非課税売上げでいいよというふうに、できるかできないのかというのをきちんとそれぞれの、現場の実情に応じて判断しなければならない。

進 そうそう、現場を見て。

今仲 たぶんその課税された側では、そういう一つひとつを、これは非課税だ、これは課税だというのを、たくさん何千件、何万件ってあるだろうから、それどうしたんでしょうね？

三村 そうですね。その辺が定かでない面もあるのですが。

川崎 実態をよく調べないといけないですね。

三村 実際には、大量にある場合は、事業者の納税者に自発的な見直しを求める場合が多いと思うのです。調査官が、全部を逐一自分で検討するのではなくて。ですから、その見直しをした納税者側の人の知識いかんによって、そういう誤りは発生するのかなと。もう一つは、それに付随して起こった、そちらの方が実は大きい問題なのですが、消費税には免税制度がありますよね？

今仲 はい。

三村 課税非課税がひっくり返ったことによって、免税期間の売上高が1,000万円を超える直前ぐらいで推移していたのが、調査により1,000万円を超えた。それが数年前まで遡った3年ほどが一気に課税事業者になってしまい、それでちょっと慌てた事案ですね。

今仲 確かあの事案って、その通信会社からは、「非課税ですから消費税は払いません」、と言ってきたのです。それを信じてやったら（笑）、実際は逆に、消費税をもらわないといけなかったのですよね？

川崎 実際の取引が、税務署の調査で全部影響されたわけですね。金銭のやりとりまで。

今仲 そうですね。ところがそれは、その通信会社が1件1件見ていなかった証拠なのです。1件1件見ずに、それをポントとやってしまった証拠なのだろうと思いますね。たまたま当事務所のお客様は、それが課税のものだったということで、要は過去に遡って、それは課税だとなった。ある時点まで言われるまではもらっていたものが、もらえなくなった。そのもらえなくなったものは、もらわないといけない。ですから、そのお客様も…。

橘 いや、税務署としては、そのもらえなかったものをさらにくれれば、それはそれでいいですけども、そうではなくて、今までのやり取りをした金額が課税対象だから、消費税が入っていたでしょと。そういう見方ですね。

今仲 それはそうなのですが（笑）。

橘 ええ、すみません（笑）。

今仲 その会社とそのお客様との関係からいうと、消費税額相当分をいただく必要がある。だけど、今おっしゃったように、消費税の世界では、税込み税抜き関係ないですから、税抜きだったといわれていたとしても、消費税は含まれて課税のものであれば、それは消費税が含まれているものとして申告しないといけないということなので、そこはそのとおりですよね。

川崎 結果、やっぱり結構振り回されたのですね、そうしたらね。

橘 土地か施設かというそこの違いが、モータープールというか駐車場の場合なんかでも、よくあると思うのですが、更地の土地を貸して、それを駐車場に使うというケースと、そこにアスファルトでも敷いていればも

う施設でしょうけれども、更地の上にロープ1本引けばこれ施設ですよ、というその違いのところが、当事者間では帳面見ただけではわからないですからね。だから、その辺は間違うケースは…。

三村 微妙なところがありますね？

川崎 マンションに併設された駐車場もそうですよね。全部併設されているので、非課税だと思ったら、その部分だけは課税売上げだと指摘されるということは、よくありますよね。

三村 ただ、そのお客様は、新しいお客様でね。調査で初めて指摘されたということでね。ですから、そういう微妙な判断が伴うであろうようなことについては、当事務所としては単なる契約書じゃなくて、例えばマンションでのその賃貸している状況を確認するとか、あるいはお客様に写真をもって画像として見せてもらうとか、それなりの事実確認をする必要があるのかなと。それは、駐車場についてもいえるかなと思いますね。ですから、課否判定は非常に怖いというか、免税が飛んでしまうような場合もありますので、慎重にやる必要があるとは思いますね。

今仲 現実の問題、そういうものは調査にならないと見えにくいという場面はあるけれども、だけど現場で我々が申告をしようとするときに、現場へ行って一つひとつを確認しないといけないというのは、これは原理原則ですから。やっぱりそこに戻って、一つひとつを確認しながら処理をする必要があるなと思いますね。今の具体的な事案に関してはご説明がありましたように、お客様が他の税理士事務所から移ってきて、移ってきた時に今まで処理をされていたそのままの処理の状態を踏襲していたということが調査で明らかになった、という話なので。要は、「今までやっていたことが正しい」という前提に立ってやるのは怖いということです。やっぱり一

つひとつ、当事務所のお客様になったときには、きちんと確認をしながらやっていくということは、徹底をしてやっていくということだと思います。消費税も課否判定の一つの例として、さきほど通信会社のアンテナの例が出ましたが、よくあるのは、今もお話があったように、駐車場が非課税か課税かというもの、これも非常に多いなというふうに思いますね。

　それ以外に消費税で典型的な例はありますか？

菊田▶貸付用建物を売ったときにかかる消費税の課税売上げが、漏れたりするのはあるかもしれませんね。要するに毎年確定申告で譲渡所得の内訳書で売却物件の利用状態の記載があります。それを確定申告が終わってから、所得担当の方にその内訳書の写しを回したりとかはあります。調査の参考にしています。

今仲▶なるほどね。

川崎▶以前あったのが、さっき三村先生から話が出ていた、人件費の絡みっていうのがあって。給料で払うと、課税仕入れにならないのですね。それで、それを外注にすると課税仕入れになる。ところが、中身が全く変わっていないと（笑）。休暇まで一緒にあったとかね。科目的には外注費だけど、中身は給料と全く変わらないというので、否認された事例はありますね。

進▶それなら、給与が絡んで、源泉税とか。

川崎▶源泉の問題も当然絡んできますよね、お互い。相手が申告しているかどうかまでは確認しますけど、申告もしていない。中身は給与だったと。

今仲▶そういうのって、やっぱり建設関係のところが、多いのですか？

川崎▶やっぱり多いですね。

今仲▶普通の会社で、あまりそんなことをするところはない？

川崎 ですよね。

橘 やっぱり、一人親方か雇用関係があるかないかという、その辺は難しいですね。

今仲 最近、そのパターンで、ソフトウエアの製作の受注の会社なんかも、やりだしてきているみたいですね。

進 ああ、ありますね。

今仲 実態として給料か外注かっていうのが。先生がおっしゃった事案などはもうどう見ても、給料を無理やり外注にしているというパターンだったと思うのですが、その実態として、給料なのか外注なのかというのはグレーだ、というケースって、結構ありません？

川崎 ありますね。まず、源泉で問題になってきますよね。

今仲 ですよね？

川崎 当然、源泉で問題になってくると同時に、消費税の問題も跳ね返ってくる。

今仲 消費税がなかったときは、それはもう源泉だけの問題で済んでいたのが、消費税が出てきたので、要は払う側として、会社の側として外注にした方が消費税払わないで済むから、やりだした。

川崎 余計に。

今仲 どちらかわからないグレーの部分については、それが外注にいきやすくなっている。つまり、そうした方が消費税が安くなるという話でそっちへいきはじめた（笑）。川崎先生がおっしゃった、どう見ても給料なのを外注だっていうふうにやっていたものは論外にしても。グレーの部分を、要は明確にきちんと整理もしないまま消費税を安くするためだけに外注にしてしまっているというのは、気をつけなければならないという話なので

しょうね？

川崎 国税局側も、それは想定している部分はありますよ。調査の指示項目に外注比率の高い会社についてはチェックしなさいよ、というのはきちっとあります。

今仲 あれって、明確な基準があるのですか？

進 源泉税の取扱いが基本ですね。給与か外注かの区分の。

橘 ええ。要は、消費税の、というよりは、会社の方は消費税の課税仕入れをしたい、というのが目的かもしれないですが、判定としては、やっぱり源泉の方ですね。給与になるかならないかという、そっちの判定ですから。それをそのまま…。

進 それは通達としてですね。

橘 最終的には総合勘案にしてというところで、そこはもうグレーから抜け出せないですよね。

今仲 一応、四つぐらいは基準があるんですよね？

（1）　その契約に係る役務の提供の内容が他人の代替を容れるかどうか。

（2）　役務の提供に当たり事業者の指揮監督を受けるかどうか。

（3）　まだ引渡しを了しない完成品が不可抗力のため滅失した場合等においても、当該個人が権利として既に提供した役務に係る報酬の請求をなすことができるかどうか。

（4）　役務の提供に係る材料又は用具等を供与されているかどうか。

橘 はい、あります。道具を持ってきているか、とか。

三村 ああ、指揮命令のね。

橘 指揮命令とか。代替えの人を入れられるかとか。そういう、あっても最終的にはやっぱり総合勘案という一言で。

進▶あの判定でいくと、必ずどこか引っかかりますよね？

橘▶引っかかるのですよね。

三村▶納税者側としては、消費税もそうですが、源泉所得税の負担を減らしたい。それから、社会保険料。

橘▶社会保険料が大きかったね。

三村▶そうですね。本人さんにとっても、手取りがその方が多いとか、いろんな要素が絡まってきます。外注費、あるいは労働者派遣。労働者派遣の場合は、消費税の課税仕入れになりますのでね。外注を仮装するまではいかないけれども、派遣労働者と計上しているところも若干見られますね。ただ、労働者派遣には、法的な規制があるのですね。やはり、金額的に大きな問題は人件費関連。その他、科目でいえば、交際費。交際費で、商品券、ビール券等々は課税仕入れにならないのに課税仕入れにしているとか、同業組合の会費の問題とか。消費税固有の非違というのは、項目がたくさんあります。ただし、通常はそんなに多額の支出が伴わない場合が多いので、それほど大きな問題にはならないパターンが多いのですかね。

今仲▶現実に当事務所のお客様でも、会社に来てソフト開発をしている。会社に来てソフト開発はしているのですけども、自由出勤。指揮命令は受けていないと。これを作れ、といわれたら、それは作っているけれども、そのことしかやっていないという人で、毎月請求書を出している。それで、要は外注費として処理をしているっていうところがあったのです。それが、税務調査で問題になって。これ来ているじゃないか、と。だけど他の社員はタイムレコーダー打っているけど、その人は当然打ってない。そこの会社の必要なソフト開発だけをやっているので、これは外注ですってやって、それでもめたことがある。さっきの話、指揮命令。指揮命令といっ

ても、これ作れよ、という話ですから。これは発注ですから（笑）。

川崎▶あとは、時間的・空間的な拘束があるかが一つの判断基準にはありますね。

今仲▶時間的には拘束はないわけです。その人がやりたい時にやっているだけ。その請求が、要は、この工程をこれだけした、というのを自分で作って、それでそれを請求書にして出していた。毎月。当然、その金額は毎月違う。というふうなやり方をしていて、結局、いやいや、それでも給料ではないか？　って。毎月来ているから、そこへ来てやっているからって話。結局、最終は否認はされなかったのですけど。要は、何が言いたいかというと、非常に微妙じゃないですか？　その話って。

橘▶微妙ですね。最終的に否認というところはあれですけれども。今の、「外注ですから、請求書を出して」というのは当然ですが。その今の出来高払いなら別ですが。工程表を出したところで、結局は１時間いくら、とかいう計算に落ち着いているのではないですかね？

今仲▶そこが、問題になるからね。何が言いたいかというと、それは事前に相談を受けていた。受けていたので、実は、この状態ならこれは給料です、と。だけどこの人はこういう形でよそでも仕事ができるのだから、という話で、それを認めていると。それなのに、何で外注と違うのか？　みたいな話が出てきたのです。結局、だったらこれとこれとこれをちゃんとやるようにしてください、と。それでも、お客様には、それでも非常に微妙ですよ、という話はした上でやっていたのですが、結局、そういうことってあると思うのです。そこを、要は税務上は、こうこうこういうふうな形を取ればこうです、と。こうこうこういう形を取れば給与です、ということを、きちんと証拠を残していただいてやるやり方を教える。そのときに

要は、実態をしっかりと反映させるかたちでやらないといけない、という話なのだろうと思うのです。その人の場合には、当然、確定申告をしてあって、そこ以外の会社の分もちゃんと売上げに上げて申告していましたから、通ったのだと思うのです。そこが、そこ以外のものが売上げがなかったら、微妙だったと思います。

川崎 会社側にとっては、他に収入があるかどうかというのは、確認できないですよね。それこそ、個人情報ですから。税務署側に、そういうチェックリストというのを作っているところがあるのです。というのは、源泉独自の調査をやっているところがありますからね。だから、調査部所管法人なんか、署では当然、法人税の調査はできないですから。源泉だけの調査っていうものは専担部門であるわけね。そこで作っているチェックリストというのは、それこそさっきの3項目、5項目じゃなくて、何十項目も。でも逆に、それを利用する手というのはありますよね。自分のところで作ったらいいわけで。従業員とこの人との違いというのをそれで明確にしておけば、それを調査があって、給料ではないか、人件費だろう、ということを指摘されたときに、そういうチェックリストを出せれば、こういうことでうちはチェックしていますと。本人が申告しているか、していないかっていうのは、そこまでタッチできません、という抗弁ができれば、比較的通りやすいんじゃないかなと。それも何にもやらずに、請求書がきているからというだけで、給与じゃないよ、ということはある意味でしんどい部分が出てくる可能性はあります。

今仲 なるほどね。その辺りは確かに、事前にきちんとした法的な判断をし、そのときに「法的判断をこうしました」という経過がわかる書類を作っておくというのがすごく大事なのでしょうね？

川崎 はい。

今仲 今度は進先生がお話になった話ですけれども。当事務所は資産税もやっていますから、消費税の還付というのは、ずっとやってきていたわけです。もう10年ぐらい前に、3年間の平均で課税売上割合が低い場合には、還付されたものを返還しないといけない、という制度ができて。その問題は、一時期かなり大きな問題だったのが、ほとんどいわば問題にされにくくなったという状況ではあります。未だにその部分が続いているのは、確かに続いているんだろうなというふうに思います。今多いのは、課税売上割合、5割を超えないといけないので、その課税売上割合5割を超えさせるために、金を何度も売買するということをして、課税売上げである金売買の金額を上げて。例えば、「賃貸住宅を建てた。その賃貸住宅は居住用だ。非課税だ」と、「その売上高を上回る金の取引をすることによって、その還付された金額を取り戻されるということのないような対策をしよう」ということが行われているというのは、これは実態だというふうには思います。当然、当事務所は、還付を受けるためにそれをやるというのは、租税回避行為だと考えています。お客様からそれを言われたときには、それはダメですよ、と指導しています。ただ、そういう指導をするのが正しいのか？　いやいや会社として、これ金取引やっているのです、とすると、それまで当事務所が指導しなければならない問題か？　というと、いやそれは違うでしょう、という話になる。そこは認める問題だろうと思います。そうだとすると、それを利用したいわば、「還付を受ける行為をしている人がいたときに、それを止めることができるのか？」というと、税務署の側も止めることはできませんよね？

川崎 もう、法改正しかないのでしょうね。それが、不合理だという判断

をしたときに、改正というか手当てしていかざるを得ないというのが現状でしょうね。それは、それだけじゃなくて、税法の中にいくつもありますよね。

今仲 ですよね。

川崎 現状では具合が悪いということは、その都度改正されていくというか。

進 さっきの話。もともとは自動販売機でやっていたので、それをやろうということで、できたのですかね？　こういうもの。だけど、いずれまたその金売買の取扱いも見直されるでしょうね。

今仲 わからない。

橘 金、難しいところですね。

川崎 お手上げ状態。

今仲 ただ、あの話は、金の売買仲介をやっている会社に対して、規制が入っているみたいですよね、現実は。要は、現物の売買、現物のやりとりをしなさい、と。現物のやりとりをしないで、要は書類上だけで金の売買をしたというようなことはするな、と、やっているみたいですよ。

川崎 税法で変えられないから、本当に、あの手この手でということなのでしょうね。問題視はしているということなのですね？

今仲 それをいいことに、そういう大型物件の賃貸物件の建築会社と組んで、それを主導的にというか、一緒にやっている税理士事務所、税理士法人もあるやに聞いていますが、そこまでするのはどうかなと思いますがね。だけど、そういう事務所があるのも実態でして。

川崎 やむを得ないっていったらやむを得ないのでしょうが、何か不合理だなというのはね。法律も人間が決めているわけですから、どうしても抜

け穴が出てきますよね。全部をカバーできない部分はあるのですよね。

進 還付金額が大きかったですね。私は現役の時は、半分、「うまいこと考えるな」っていうのもあるし、「これでいいのかな？」というのもありましたね。

川崎 感心しちゃったりしてね。

進 調査に行っても、結局当時の法律からは、そこにいきつくので、それってどうしようもないですものね。というのがあって。今はそこは税法の見直しでましになったのですが、代わりに、金が、だからすごく不合理というか、私の中ではそういうのがあるのですがね。

今仲 1件だけお客様が「どうしてもやりたい」と言って、相談を受けたことがありました。「いや、当事務所はそれは絶対ダメです」と、「うちで申告するなら、やめてください」と、「どうしてもやると言うのなら、よそへ行ってください」と言ったのですよ。そうすると、その人が「いや、先生のところでやってほしいのです」って。「いやいや、当事務所ではお手伝いできませんから、よそへ行ってくださいよ」と言っても、「いや、先生のところでやってほしいのです」って言われて、1件だけやってますけど（笑）。

川崎 なかなか、そこまで強くは出られないですよね、事務所としてはね。

今仲 そうなのです。「それはやりたくないですから、よそへ行ってやってください」と言っているのに、「いやいや、先生にやってほしいです」と言われたら。

橘 違法とか不正とかじゃないですからね、そこはもう。

今仲 最後に印紙税の話をお願いしたいのですが、正直、印紙税はいくら

勉強してもよくわかりません。

川崎 さっきの橘先生の話じゃないですが、税務署の中では、4税、法人の職員でいったら、「法人税、消費税、源泉所得税に印紙税」っていうのは、ずっと言われていますね、その、非違割合というのは。「印紙税もちゃんと見る必要がある」ということは常に指示していました。

今仲 契約書に印紙を貼るのを忘れていたという話はいいのですが、「貼らないといけないのか貼らなくていいのかが、よくわからない」というのは、あれは困ったものだなと思うのです。

川崎 文書の作り方で、印紙を貼らなくていい場合も出てくるのは出てくるのですよね。ただ、そうしたときに、そういう相談を受けることがあるのですね。ところが、そういう書類を作ろうとすると、その書類自体の効力が半減するような書類になってしまう可能性もある。わずかな印紙税のために、その効力自体を損なっていいのかなという疑問はありますね。でも、数がまとまってくると、そこそこ金額的なものはある。

今仲 株の配当をしている会社。中小企業の当事務所のお客様で、もう結構、株の配当をしているお客様がいらっしゃるのですよね。そうすると、株の配当通知、あれも書き方によって印紙を貼らなければならないケースと貼らなくていいケースがあるじゃないですか？　あれは要は、「何月何日に配当を支払う予定です」ってあって、そこに金額とかを入れなかったら印紙がいらないけど、「何月何日に配当いくらいくら払います。源泉でいくらで、これだけの分を何月何日に振り込みます」というものだったら、印紙を貼らないといけない。

進 そうですね。

今仲 その辺は工夫をしていいのだろうと思いますよ。

進 課税か非課税かというのは、我々が見てももうどっちかの判断が難しいのは、いくらでもありますから。やっぱり、もう迷ったら事前に相談してもらうしかない。個人ででも、それはそれで領収書の金額、段階税率を見るぐらいはできるでしょうけど、迷ったら、もうなかなか自分で判断できないと思うので、事務所に相談してほしい。

今仲 重要な取引に関連するようなものの、1回しかない。繰り返しやるものじゃない、というケースの場合には、それは川崎先生がおっしゃったように、その取引の効力を、きちんと当事者間で後でもめないようにするために書いておかないといけないということを優先すべきだと、私は思うのですよ。ただ、繰り返し何回も何回もやらないといけないようなものについては、これは、工夫次第で「印紙税の金額を安くできるか」、あるいは「貼らなくていいか」ということがあるのだったら、それはそういうふうにするべきだと思うので、当事務所に相談してもらって、やっぱり書き方を相談していただくというのが重要です。

進 現役の時、調査に行った先で、そういう質問を受けました。「どうすれば要らないですか?」って。答えていたのは、「要は印紙税を少なくする目的で作るのか、どっちなの。もともと文書ありき、契約ありきで作るので、契約に必要な事項は当然書かないといけないですよね? そのあと印紙はついてくるものですよ」、という話はいつもしていたのです。だからそもそもそんな書かなくていいような文書でしたら、作らなくてもいいですよ。印紙税は文書課税、書かれている内容、文言で判定するものです、っていう話。

川崎 ただ、もう一つあるのは、その印紙を貼らなくてもいいような状態で作った文書に別の文書がプラスされることで、印紙税がかかってくると

いうのはあるのですね。だから、逃げ道はそうそうないですよ。両方合わさって印紙税がかかりますよ、というものが出てきますから。だから、相談されても、そこで「これだったらOKでしょう」というのを出しても、別の文書を作ったことで、これで印紙税かかったよ、というのは、どうしようもないのです。言われただけの材料、提供された材料だけでは、印紙税は必要ない、印紙を貼る必要がなくても。

今仲 だから、工夫をしようと思っても、できるものとできないものがある。

川崎 ある。

今仲 配当の支払の通知などは、あれは問題ないと思うのです。だけど、そういうものってそうそうない？

川崎 そうそうないです。

進 ですね。いや、さっきの話。配当の領収書の書き方で、そういう表示でいいのであれば、別にわざわざ印紙を引っかける必要はないですし。やっぱり、いついつに振り込みますから、というものまで必要なければ、それは印紙税の問題ではないですものね。だから、それは契約書全部に言える話なのですよね。

今仲 株主にしたら、毎年送ってくるものを書いてもらうもの。それで、また、あるかないかは知りたいな、と思っているわけだから、だから、そのことが通知でちゃんとわかればそれでいいっていうだけの問題だと思うのです。配当なんていうのはね。

進 課税となる契約書に書かれている内容については、印紙税法の課税の対象となる項目、つまり、契約上これが重要なので、このことが書かれていれば課税扱いになりますという「重要事項」というものが決められて

います。ですから、逆にこの重要な事項を契約書に書いていなければ課税にならないということになります。契約でどうしてもこれを決めておかなくてはというのが「重要事項」なので、これを省いて印紙代を節約しようとすれば、本来の契約書でなくなることも確かで、本末転倒の状況にもなりかねません。そこは相手との取決め事項が必須なのか印紙代の節約なのかをよく考える必要はありますね。

　話は変わって印紙税の税務調査の話ですが、先程も話に出てきましたように法人税の調査では、印紙税を含めた４税目の調査が基本となっています。印紙税の調査で貼り忘れなどがあった場合、本来本税の３倍の過怠税を納めることになっているところを、今は、調査の終了の時に「不納付の申出書」というものを税務署に提出して、本税の1.1倍の過怠税を納めることになるのが大半なのです。でも私が税務署に勤務していた当初の頃は、印紙税だけの単独調査でしたし、その際には貼り漏れなどの契約書は現物ごとに１枚ずつに３倍の過怠税がかかるような手続をしていましたので時間と手間がかかって、調査の件数は少なかったのが事実でした。でも、この「不納付の申出制度」ができたことで、調査先にこの申出書を書いてもらうだけで済むことと、大量に貼り漏れがあっても簡単に調査を終われるので、税務署にとっては画期的な制度になりました。それからもう一つ、この「不納付の申出」制度になってから大きく変わったことは、調査先に現物がなくても課税できることになったこと、例えば印紙の貼り漏れの領収書を発行していた場合には、本来の調査では現物を確認しなければ過怠税を課税できない、つまり領収書はすでに相手に渡してしまって現物がないので課税は難しかったのですが、「不納付の申出」制度になってからは関係する帳面や収入印紙の在庫状況などから貼り漏れとなっている枚数、納

付漏れとなっている税額を計算することが可能になりました。このこと
も、印紙税の調査件数が昔にくらべて大幅に増えている要因だと思います。

菊田 譲渡所得の調査の時に売買契約書とかを見るので、貼っていなかっ
たらその時点で貼ったものを送ってください、と指導していました。印紙
税だけの調査は少ないようです。

進 独自で行くのは、大きな法人くらいしかないのですよね。税目調査
で一緒にやるので。

菊田 一緒にね。

進 実際に多くのケースは、税務調査では、そこに保管している契約書
などを見て、貼っていないかどうかを検討するだけですが。

菊田 資産税サイドも一緒です。

川崎 でも、書類を大量に交わしているところというのは、印紙税の単独
調査が、それこそ稀ですけど入る場合がありますよね。だからその場合に
は、今言ったような額もかなり張ってくるし、相手とのやり取り、何百通
できかない数の書類をやり取りしているところで、みんな貼っていなかっ
たと。だから、当然相手方も同じことがあると、いえますから。両方で課
税の問題が出てくるということがありますよね。

進 たまたま作る契約書の中には判定が難しいものはあるでしょうが、
税務調査で印紙を貼る額を間違っていても大した問題にはならないので
す。問題は多量に発行するものですよね。そうすると例えば、200円漏れ
ていても年間で数千枚、数万枚と相手に出していたら、それこそすごい金
額になりますので。その辺は事前に相談してもらって、課税かどうかは確
認していただく必要があるかなと思います。

川崎 昔よくあったのは、3年に1回ぐらい調査を受けている相手でも

貼っていないというのが出てくるのです。よっぽど、あくどいのかなと思ったら、そうじゃないのです。担当者というのは常に変わっていきますよね。だから、その印紙を貼ってくださいという引継ぎまでしていないというところっていうのは、結構ありますよ。だから、3年に一度行ったら、同じくらい数の問題が必ず出てくるという。例えば、金融機関であるとか、それでそのときには、申出があるのは、そういう引継ぎの時にちゃんとやりますということは、一筆書いてきたりするのですが、3年経ったら、また同じことをやっていると。

進 そういうことはありますよね。

三村 私も3年ほど、消費税が導入される時期を挟んで、間税部門の調査をしたことがあるのですが、その時に感じたことが、新たな様式を制定するとき、大量作成することで課税文書になるおそれがあるようなものは要注意と。それから、明らかに領収書の発行で、誰が見ても課税文書なのですが、組織とか部署によっては、印紙税を管理できる体制が取れていないとか、本社は十分認識しているけど、店の方にそれが徹底されてないような業態も時々見かける。それが2点目ですね。それから、もう1点が、今度は間違ったときに税金、印紙税を還付してください、というお客様ですね。気の毒だなと思ったのが、印紙税の納付目的じゃないと、印紙税の還付の対象になりません。原本から貼り間違えたということで、切り取ってくる人がいるのですね。切り取っては、それもダメですよと。それから、契約書にそれ行使してないのですが、これは取りやめになったから、といって、契約書の原本を持ってくるのです。しかし、説明の仕方によっては窓口ではねられる場合も多いのです。郵便局とかに行って、「お宅で印紙買ったから、返してくれ」と言っても返してくれませんので、金券ショップに

行くというような話もあったみたいですけどね。税務署では条件さえ満たせば、額面どおり返してくれますので。税務署に行くときには上手に説明するように注意してください、ということです。

今仲 (笑)。へえ、そんなことがあるのですね。

橘 過誤納請求してましたね。

進 調査でもありますね、貼り過ぎなので返すことも多いですよね。

今仲 なるほど。ありがとうございます。

（左から）菊田税理士、橘税理士、佐伯税理士、三村税理士、川崎税理士、進税理士、今仲所長

15

相続税・財産の帰属

今仲 今日は相続税、資産税の第1回目ということで「相続税申告の調査ポイント」について、進めていきたいと思っております。当事務所では、年間40件から50件ぐらいの相続税の申告をさせていただいていて、全件書面添付を付けるということをしています。調査率というのは、平成27年の基礎控除の引下げ以降は、かなり落ちていると思います。

菊田 3割ぐらいで、相続税の調査割合は高いですね、他の法人税や所得税に比べたらね。

今仲 法人・所得は、今10％を切っている？

菊田 はい、切っています。

今仲 ところが、実際、相続税の申告に関しては、基礎控除の引下げまでは大体3件に1件と。平成29年に亡くなった方が約134万人で、そのうち約11万2,000人の被相続人が相続税の課税対象となっています。約8.3％の課税割合です。もっとも課税されるのは相続人等ですが。調査は遅れますので平成29年7月から平成30年6月までの相続税の調査は原則として平成27年1月から12月までに亡くなった方が対象ですが、調査割

合が12.2％となっています。

菊田▶そうですね。

今仲▶12％ぐらい。当事務所の場合、仮に40件申告したとすると、意見聴取が大体3件か4件、ということは1割。そのうち半分の5％ぐらいは、実地調査ということになっていました。全体の統計では相続税申告の12％強が調査されているのに、うちは5％ぐらいしか実地調査がない。そういう意味でいうと、当事務所の業務品質の高さが反映されています。私は相続税の申告というのは、法人・所得と違って、「3年とか5年とか10年に1回調査に来る」というふうなことが、当たり前の感覚でいる経営者の方と違って、一般のご家庭の方で、かつ普通は先にご主人が亡くなりますから。ご主人の分の相続税の調査となると、残された奥様、調査なんて受けたことがないです。専業主婦の方は、社会的なそういう厳しい場面にあまり直面することがない中で、「税務調査が来る」って聞いただけでやっぱり、「え？」と心臓がドキドキされる。

佐伯▶ええ。「寝られない」とか聞きます。

今仲▶やっぱりそういうことをおっしゃる。そういう意味では調査に来ないようにするのが、我々の一番大きな仕事だと思っています。そういう意味で、添付書面を付ける。相続税の調査がある場合には、事前に意見聴取があってから来る。添付書面がなくても、税理士事務所にはいったん連絡がきます。やっぱりワンクッションおくということが一つ。それから、調査率も12％強あるところを、実地調査は5％ぐらいで済むという、そういうところにつながっている。業務品質をしっかり上げて、調査が来ないで済むような申告書の提出をするというような思いで、今までずっと仕事をしてきています。もちろん、開業以来それをしていたかというと、最初の

頃は、調査率３割ぐらいでした。添付書面を法人・所得はやっていましたけど、相続税ではやっていなかったです。

佐伯 そうだったのですか。

今仲 開業した時って確かに、所得税、法人税、相続税の試験科目は通っていますが、会計事務所に勤めないで開業しましたので、相続税の税務調査を受けるということがなかったわけです。どう対応していいかがわからなかったのです。そんな中で経験を積んできて、先ほどの話のように「調査に来た」と言ったら、もう、来るって聞いただけで奥さんが寝込んでしまったとか、そういう事例をたくさん見ている中で、やっぱりそうならないようにするためにはどうしたらいいかと、お客様の立場に立って一生懸命勉強してきて、資産税のＯＢの先生方にもどうしたらいいか聞きました。もちろん、税務調査の時にも、調査官によく聞きましたけどね。どういうふうにしてやったら、業務品質が上がるっていうか、漏れがないようにできるのでしょうね、みたいなことを聞いたりして。そのときに、中にはやっぱり親切な調査官とかがいらっしゃって、いろいろ教えてもらったりもしました。そういうことの積み重ねの中で、今の業務品質ができているというふうに思っています。調査の中身の話に入る前に、その辺りのところで先生方が調査する立場から見ていて、どんな思いがあったとか、どんなケースがあったとか、お願いします。

佐伯 例えば預貯金などは、ついつい亡くなった時点の残高だけ調べて、預金の残高証明もザーッと上げて、「大丈夫」という考えというか判断で、申告書を作成していたという税理士さんが結構いるのです。最近は少なくなってきましたけどね。税理士さんの考えというか見方も変わってきました。私が入った頃って結構、亡くなった日の残高を確認するだけだったん

ですけどね。生前の動きを見ていないというのがありました。結果、税務署からすると、調査の一番したいところというか、反対からいえば申告から漏れているところが、不表現資産といわれている預貯金や株などなんですよね。その生前の動きなのですよね。

菊田 「不表現資産」というのは現金とか預貯金とか有価証券とか、そういう資産のことですね。

今仲 みんながわからないというか、表へ出てないですからね。

菊田 そうですね。調査日数が一般的には8日とかいわれているのですが、それは、最初の準備調査から実地調査、起案までの日数です。申告内容によっては3日で終わる場合もありますし、8日以上になることもあります。それで、効率よく調査しなさい、ということなので。そうするとどうしても現金、預貯金とかの資産に重点が置かれます。土地の評価というのは重きを置いていませんね。預金関係、有価証券関係の調査を行います。それプラス、重加算税を賦課したいという意図がある。そちらの方に重点を置いて、重加算税をかけたいなと、賦課したいなと。土地の評価とか他の場合は、意見の相違とかいうのもあるし、なかなか重加算税もかけられないということもあります。また、そういう預貯金とかの不表現資産を見つけるということは、調査官のスタンスとしては、良い実績にもなりますし、アピールにもなるのです。だから、調査の非違割合はどうしても、預貯金とか有価証券とかの割合が高くなる傾向になり、大体5割ぐらいですかね？　土地とかは少なくなってくるということです。調査官というのは、家族名義とかも含めて、不表現資産に重点を置いて調査する傾向があります。

佐伯 そうですよね。だから、土地の評価誤りというのは、調査へ入らな

くてもわかりますからね。だから、それは調査という範疇じゃないのですよね、税務職員の感覚も。

今仲 だけど、何かそういうところで漏れがあったり評価が間違っていたりすると、行きやすい気がする。

佐伯 もしそれだけだったらもう調査しないですよ。税務署に来てもらって、税理士さんがいれば、「税理士さん、ちょっとこの評価」。もうそれで終わらせちゃう。

今仲 なるほど。そんなので時間取られたら。

佐伯 調査へ行くのは、さっきの預貯金、株、そういう生前の取引内容を確認したいものですね。

菊田 私の場合は、臨宅に行って。臨宅っていうか、自宅の方の調査が終わってから、田畑や貸家がある場合には、やっぱり土地を実際に見ていました。公簿面積よりも地積が大きい場合もあるし。土地の利用状況が申告と異なっているケースもありますので、私は必ず確認するようにしていました。

佐伯 ただ、面積は測れといっても、こちらも正確に測れない。メジャー持っていって、測ったりしましたが、いろいろで。それで更正できるのかというとできないし。

菊田 更正はしないですけどね。

今仲 やっぱり、今の時代ですからね。もうほんとに、ネットで大体できますからね。

佐伯 そうなのですよね。もう、概算面積も出ますからね。

今仲 昔はそんなことできませんでしたからね。開業して何年目かな？まだ早かった頃です。ある税務署で相続税の調査を受けて、税務署で折衝

している時に、別の調査官の人が税務署に帰って来られて、それもまだ12時になっていない、11時とかそのぐらいだったと思うのですが、嬉しそうに遺言書が見つかったって言って、帰って来られたことがあったのです。要はそのケースの場合には、納税者は遺言書があることは知らなかったみたいで。たぶん、実地調査に行って仏壇か何かを調べたら、遺言書が出てきたという話だと思うのです。そんな話、聞いたことあります？

佐伯 いや、あまりないです。

菊田 遺言書はないね。

佐伯 遺言書が見つかってメリットがあるとしたら、調査からいうと表に出ていない銀行の取引があったときですね。昔は確かに、仮名無記名などもやりたい放題じゃないけど、ありましたからね。今はもう、仮名預金などほとんどないですね。

今仲 ないですね。金丸代議士かな？　あの事件以来ですからね。

菊田 ありましたね。

今仲 無記名がなくなったのは。

菊田 そうそう。銀行に行った時に、銀行が無記名とかそういった管理しているから、その管理名簿を出せとか言ってね。

今仲 あの時は、ワリコーかなんかありましたね。

菊田 そういうのはありました、ワリチョーとかね。

佐伯 他に定期預金でも。昔は利率も高かったので、たくさん持っていました。やっぱり、得意先係がちゃんと管理しているから、もう無記名なんか作り放題でしたよね。それが今は作れないわけです。

菊田 そうですね。

今仲 ワリコーが無記名で発行されなくなったっていうのは、一番最初

だったと思うのです。マネーロンダリング対策で、預貯金の口座を開設する時に、本人確認ができなかったら開設ができない、というふうになってから、いわゆる仮名とか無記名ができなくなったのですよね。それまでは、できた。

佐伯 できた。もう、銀行員が主導していたぐらいにね。

今仲 そうですよね。特に郵便局がひどかったですよね。

菊田 郵便局、ひどかったですよね。

今仲 勧誘に行って、無記名で作れますみたいなことを平気で言ってましたからね。私が開業した当時。

菊田 当時は郵便局は調査できなかったからね。

佐伯 なかったのではないけど、調査に入る手続がややこしかった。

菊田 そうそう、ややこしかったのです。郵便局に預けたら安全ですよ、みたいな、納税者から見たら、調査があまりないからっていって。今はありますけどね。

今仲 未だに高齢の方には、郵便局だったら、調査されない、「隠せる」みたいなことをおっしゃる方、いらっしゃいますから。

菊田 今はもう、郵便局も照会しますからね。回答返ってきますからね。調査も事前に言えば行けます。

今仲 それでも最初の頃は、いわゆる特定郵便局の方は、なかなかきちんと対応してくれなかったのではありませんか？

佐伯 調査慣れしていないのもありましたから。調査に入ろうとしても「何で？」というような。

今仲 郵便局には2種類あって。地主というか一般の人が、政府から許可を受けて、自分が持っている土地を提供してそこに建てて、郵便局を開設

するという特定郵便局と、郵便局自身が自ら作っている郵便局と２種類ある。

菊田 はい。

今仲 特定郵便局の経営者は、そこの地主さんだと、その親族がやっているという、そういうパターン。

佐伯 大地主とかね、その地域の資産家といわれる人達ですね。

今仲 ちょっと田舎の方に行ったら、小さな郵便局は大概そう。

菊田 自宅の臨宅調査での話としては、申告書の現物確認という調査があるのです。私のケースは、現況、自宅で調査するという目的の一つが、申告書に記載されている金融機関以外の金融機関を見つける。それが一つ大事なのですよ。そのために、わざわざ香典調査などからいろんなものを端緒として、申告外の金融機関を見つける。それが重要なのです。二つ目は、預金通帳など大事なものの保管場所まで付いて行く。一緒にね。断る方もいますけども、これも仕事ですので、と言って了解を得て、一緒に保管場所まで行きます。やっぱり保管場所へ行かないと、いい仕事ができないのです。

今仲 なるほど。

菊田 はい。保管場所では、その中に例えば、金庫とか箪笥の中に被相続人の通帳以外に、家族の名義の通帳があったりとか、申告されていない被相続人の通帳があるとか、そういうのを発見する場合があります。現金が残っている場合もあるし。それを一緒に箱みたいなものに入れて、応接間に持ってきて、書類を調査する。それって、大事なのですね。

今仲 なるほど。申告をした亡くなった人の名義の預貯金以外に亡くなった人名義の他の金融機関のものがないか。それを例えば、香典帳に銀行の

名前が書かれていたら、あ、ここにもあるだろうと、推測できる。

菊田 はい、そういうことです。

今仲 あるいは、昔は銀行からカレンダーをもらったり、マッチ箱をもらったりしているので、そういうものが置いてあるから、申告している銀行でないところで、この銀行と取引しているなというのがわかったりする。現地に行かないとわからない。

菊田 わからない。端緒とか申告漏れの現物を見つける努力が必要なのです。

今仲 申告をしていない銀行なのですよね。

菊田 そうなのです。

佐伯 ただ、その前の段階がもっとある。やっぱり、どれを調査対象に選ぶかなのですね。それが一番重要なのですよ。調査に行ったらそこまでやるのですが、でも、全部の申告書の調査に行くわけにはいかないですからね。行くものを選ばなければ。

今仲 選ぶところのポイントはありますか？

佐伯 まず、税務署では金融機関、証券会社で一応わかっている名前、家族の名前ですが、孫ぐらいまで取引の有無について照会を出すのですね。

今仲 それは、取引しているだろうと思われる金融機関？

佐伯 そうです。

今仲 なるほど。申告書に書かれているところは、もう当然、

佐伯 例えば、過去の申告などで挙がっている銀行とか。会社を経営していたら、会社が取引している銀行。そういう、なんかこう端緒がないかなというところを探して。そこへ、ボンと照会を出しています。

菊田 相続税の納付が申告書に記載していない銀行であったりもするので

すよ。だから、納付銀行も調べていたね。申告外の取引銀行の把握が、申告漏れ預金の把握につながります。

佐伯 照会を出しますね。それで、取引があれば、過去３年なり５年なり、取引の推移が回答されてきますから。

今仲 それは、取引をしているところの銀行に照会したら、その口座と残高とかだけではなくって、取引記録も一緒に照会する？

佐伯 そうですね。皆さんが持っている通帳と同じかたちで出てきますね。

今仲 これは、３年とか５年とか切るのですか？

菊田 切ります。とりあえず大体前３年と、場合によっては５年ですね。それから、相続後６か月ぐらいですね？

佐伯 そうですね。相続後の取引も、結構重要ですよね。

菊田 照会の回答では「取引ございません」もありますけど、たまに被相続人と取引があった履歴や預金残高があって、申告漏れとなっている場合もあります。

今仲 被相続人名義で申告していなかったら、重加算税ですよね？

菊田 そう、重加算税対象です。

今仲 相続人が知らないということも、中にはあるかもしれないけれど。

菊田 相続開始時点で、被相続人名義の預金があるのに、あえて申告財産を計上しないで、相続税申告までにそれを解約して、相続人が現金とかで出金するのです。それも、税理士には内緒でやる場合もあるのですよ。そこはもう、隠すという話です。

今仲 そのままほったらかしになっていたら、知らなかったということもあるかもしれない。

菊田 それもあるけど相続開始前に解約し、それを申告していなかったり、相続後に申告しなかった預金を解約していたら、仮装隠ぺいの評価すべき行為ということで…。

今仲 もう、そうとしかいいようがない。

菊田 いいようがないから。もう、それは重加算税相当となる。

佐伯 そうですね。

佐伯 そこで、これはもらったものですという主張が当然出てきます。そこで、丁々発止と。だから、家族名義の口座に、大きな入金があった場合、被相続人の方、亡くなった方のこの出金と、関連はないかチェックをして。そこで、おかしいなというものが、まず調査対象になります。

佐伯 それで調査に行きましょうとなる。

今仲 過去のお金の5年間の被相続人の名義の一覧表を作るようになったのは、開業してから10年ぐらいたった頃です。それまでは、どうしていいかよくわからなかった。開業して10年ぐらいまでは、年間、多くて4、5件ぐらいのことだった。調査を受けている過程で、ポロポロ出てくるわけです。ある調査官の方がそういうものを作られていた。折衝している時に、見えたのです。「入出金明細票を作っている」と思って、その人に聞いたのです。「入出金表を作るのですね？　どういうふうにして作るのですか？」と。それで、やり方を教えてもらって、それから作るようになったのです。

佐伯 当事務所で調査対象になっても、調査官からよくやっていますねと、褒められていますから。

今仲 それは、お客様自身のためにそれをやっておくことが、調査でつらい思いをしないで済む。きちんと申告しなければならないのですから。3

件に1件しか調査に来ないので、3件に2件は、見逃されているかもしれないから、みたいな話をされる方、よくいらっしゃるのです。だけどそれは、先生が今おっしゃったように、事前にきちんと調べているわけだから、きちんと調べて、関係がないから行かないでおこうというところが3分の2。きちんと調べて、あ、出てきたから行こうということになる。いい加減にしているところは、結果として調査に来る可能性は非常に高いことになる。

佐伯 その結果、修正になる可能性が大きい。

菊田 それも、納税者と税理士との信頼関係があるのとでは違いがありますね。

今仲 そうですね。

佐伯 他の税理士さんに聞いても、やっぱりそこまで要求しても、なかなか出してくれないのですよ、という相続人も、結構いるのですよね。

今仲 そこは、私は違うと思っていまして。相続税の申告をするのは初めてという人がほとんどなわけです。先代さんの時やったよ、っていうような、経験しているといったところで、そんなに細かいことは知らないというのがあります。本当のところは。別に脅すわけではなくって、税務署はきちんとした申告をしてもらうということを、全員にしてほしい。いい加減なところはいい加減なまま過ぎていくと、課税に不公平が生ずるから、そんなことがないようにしないといけないというのが税務署の立場。それは、国民の立場からみても、ある人がごまかせた、ある人はきちんとしているってそんなおかしな話はない。きちっとしましょうねという立場で、漏れのないようにするというのが大事なので、そうします。よく知らないまま、これでいいだろう、という感覚だけでやったら、漏れていることが

結構あるのです。実は、奥さん名義の預金が一番よく漏れるのですよという話をします。奥さん専業主婦でしょう？　専業主婦だったら、自分では稼いでいませんよね？　ということは、奥さん名義の預金の中に、ご主人が稼いできたお金で「はい。20万円、これ生活費」って渡されたそこから生活して、毎月1万円とか2万円とか残った。それを貯めたお金、奥さんのところに預金していません？　って。大概残っていますから。それは誰の財産かっていうと、亡くなった人の財産ですよ、という話をするのです。そうしたら、大概、奥さんは怒り出すのですよ。

佐伯 抵抗しますね。これは私のお金だと言って。

今仲 そう、怒るのです。これ、私のものですって。いやそうなのです、民法ではそれはあなたのものでいいのです、奥さんのものでいいんですよ、と。だけど、税金の世界では、これは稼いだ人のものとして申告しないといけないことになっているのです。それは私がもらっています。贈与税は60万円とか110万円まで非課税になりますよね、と必ずおっしゃいます。贈与というのは、これあげるよっていって、その都度きちんと、もらうよ、ありがとう、それで、もらうというのが贈与。今、私が申し上げたように、貯めている分はこれは贈与とはいいません。あくまでも、ご主人のものなのです。それで貯まったお金が、30年も40年も経っていたら、1,000万円とかになっていても不思議ではないです。これは、奥さんのものですけれども、亡くなった方の財産として申告しておかなければいけないのですよというふうに、説得するのですよ。「それさえきちっとしていれば、ほぼ調査に来ませんから」と言うのです。ここが当事務所の強いところで、調査率が低いですから、「普通は4人のうち1人が調査に来るけど、うちの場合には、15人のうち1人も来ませんよ」と、「そういうことをきちんとやって

いるからです。だから、あとあとつらい思いをしないようにするために、全部教えてもらえませんか？　もちろん、申告しないでいいもの、つまり『これは贈与である』ということが民法などの法的に確定的なものは、この分は当然、その人がもらったものです。それを『申告しなさい』とは言いません。ただ、それは法律で判断したときに、『これは贈与したものだ』『贈与してないものだ』っていうふうな判断をしておかないと、税務調査に来た時にみんなごっちゃにされて、課税されることもありますよ」と、言うのです。現実にあり得るから。

菊田 ありますよね。

今仲 そういうことをちゃんと説明したら、大概の人は全部きれいに出してくれる。

菊田 すばらしいね。

今仲 そこが大事だと思うのですよ。

菊田 そうですね。大事ですね。

今仲 そうするのは、私は税理士の仕事だと思うのですよ。

佐伯 そうそう。

菊田 そうですね。

佐伯 やっぱそこまで、納税者を説得しないと。

税理士法第 1 条《税理士の使命》

　税理士は、税務に関する専門家として、独立した公正な立場において、申告納税制度の理念にそって、納税義務者の信頼にこたえ、租税に関する法令に規定された納税義務の適正な実現を図ることを使命とする。

今仲 それを、「いやいや、相続開始時点の残高証明書を出してもらって、

それで申告するのが仕事。あとは税務署の仕事」というふうに、自分を納得させている税理士は、私は間違っていると思うのですよ。

菊田 間違っていますね。だから、奥さんから蓄積した過程をよく聞いて。やっぱり聞いておかないと判断できない。

今仲 そうです。

菊田 だから、もともと誰の保有資産か、通帳の管理は誰がしているか？そういうことも聞かないと、単純に奥さん名義だから、といって調査確認しないでいたらダメですね、税理士も。

今仲 そうですね。過去にこんなケースがありました。亡くなった人は、不動産所得で毎年1,000万円近い申告をしているのですよ。奥さんがいらっしゃって、長男一家が住んでいるのです。長男さんはサラリーマン。その奥さんと子どもさんがいる。亡くなった時点で、その被相続人、ご主人の名義の預金が1,000万円もないのですよ。

佐伯 ない？

今仲 ないのです。長男、長男の嫁、子ども2人、合計合わせたら預金1億数千万円。それで、これはどう見ても、被相続人のものが含まれていると考えざるを得ない。事情を説明して、過去10年の、被相続人はもちろんですけど、家族の分の預貯金の出入明細を取り寄せました。なんと、被相続人からの移動がなかったのです。一つは、10年以上前にすでに贈与されていた。もう一つは、生活費は全部、被相続人の稼ぎで生計維持されている。自分達の収入は、全部貯めていっている。残高の一覧表、それから生計の経緯、全部添付書面に書きました。それで申告したのです。結果として調査がなかったのです。

菊田 なかった？

佐伯▶そこまで調べていたら調査には行かない。

菊田▶行かないですね。

今仲▶課税のしようがないですものね。つまり、贈与が確定している。それから、それ以降、亡くなった被相続人であるお父さんの収入で生活している。正確にいうと、その分贈与があったのでしょうが、それは加算されるのは3年分だけです、という。

菊田▶税務署側からいえば、その時の長男に、それだけのその蓄積し積み立てるだけの収入とか、そういうのがあったかどうかと、それに関して調査する。それで、贈与があったといっても、贈与契約書がない。だから、それはどうかなというふうに、仮にそれを課税するとしたら、そこから調査していくかなという感じです。

今仲▶それについては、1億数千万円の残高をずっと追ったのです。10年前から変わってないのです、ほぼ。10年ぐらい前からずっと、1億数千万円の残高が変わってなかったので、これは、課税のしようがないなと思ったのです。

佐伯▶そうですよね。だから、被相続人から資金が出ていない限りはもう課税のしようがない。

菊田▶だから、原資が一番。原資と、いわゆる名義預金の関係です。その原資が誰であったとか、管理運用は誰であったとか、使用収益がどうだったとかなんていうのはありますけれども、原資が一番大事なのですよね。原資が最初にくる。それを被相続人が出したというので、帰属という点で一番可能性が高いのです。だから、それの原資がわからない場合は、課税するのは難しくなってきます。

今仲▶そうですよね。

菊田 そういう場合には、過去の相続人の収入とか経歴とか蓄積とか、どういうふうに管理していたのか、その辺からどうなのかなという感じで。

今仲 そうですね。

菊田 はい。

佐伯 だから、被相続人から流れていたという事実がなければもうどうしようもない。

菊田 どうしようもないですよね。

今仲 開業当初は、その辺の整理の仕方とか、考え方とかっていうのは、整理されていなかったのです。調査で指摘をされた時、以前は、「これは、こんなに貯まるわけがないでしょう？」「これはどう考えてもお父さんからきているでしょう？」と言われて、そのまま応じていた時期がありました。

菊田 そうですね。

佐伯 私もそのように言ってました。

今仲 課税する立場ですから。「どう考えても被相続人の財産でしょう」という立場に立ちますよね。ただ、「法的に見たときにどうなのか」という視点を、しっかりとこちらの側が持ってないと、いわゆる論理的に反論できないというところがある。そういう意味でも、「税理士試験を通っているから」といって、それでできる仕事ではない。その過程で私の中で反省がありました。それで、実は民法、商法、会社法、一から勉強する必要があると痛感しました。民法には贈与は第549条に「贈与は、当事者の一方が自己の財産を無償で相手方に与える意思を表示し、相手方が受諾することによって、効力を生ずる」と書いてあります。実は税理士って、そういう勉強をしないで、税理士試験だけ通って開業しているというのが圧倒的

に多い。

菊田▶そうですね。だから、条文や通達だけ勉強していても、ダメなのですね。私も、税務署にいた時は、資産税の理論だけではやっぱりダメで、自分が調査に出ていろんなものを見ていって、それで総合的に判断するというのを、養ってきています。これだったら課税できるとかできないとか、訴訟になってまで維持するのは難しいとか、そういうのがわかる。単に条文がこうなっている、通達がこうなっているだけでは、やっぱり判断は難しいと思います。だから、税理士も同じだと思うのです。そういう理論的な勉強も大事だけれども、ある程度自分が、そういう実務と合わせたところで、いろいろ知識と経験を積み重ねていくというのが大事かなという感じがしますね。

今仲▶そうですよね。

菊田▶はい。

今仲▶そういう知識を身につける過程で、先ほどの贈与かどうかということも含めて、誰の財産かということを判断する。それの一番最初の勉強になったのは、国税不服審判所の裁決例です。

菊田▶うん、裁決例。

今仲▶裁決例には、その辺の理論が書いてあるじゃないですか？

菊田▶そうですね。

今仲▶そこから実は、勉強し出したのです。どう対応していいかわからなかったら、そういう裁決例を勉強すると、そこに民法の理論がちゃんと書いてある裁決文書があるのですね。それから地裁レベルまでいってるケースって、誰の財産かということで税務調査のときに、課税されるときに争いになっている判決も出ている。

佐伯 税務の判断において、税務署職員が規制されているのは、裁決なのです。だから、地裁までいくともう個別特定事案ですから。裁決の判断材料が一番です。

今仲 そうですね。ほんとに裁決を勉強し出して、そこにちゃんとした理論が書いてあって、「あ、そういうことなんだ」というのを勉強してよかったと思うのです。

菊田 私、大阪国税不服審判所で35歳の頃、出向で勤務していました。資産税だけの見方ではやっぱりダメだと、いろんな科目や民法とか判例とか複合的な視点で見ないといけないなというのを学びました。一つの案件に対して判断して結論を出すのに、証拠というか、その事実認定は証拠に基づいて事実認定をします。証拠にも、直接証拠と間接証拠があって直接証拠がない場合は、やっぱり間接証拠をたくさん積み重ねて、重要な事実を推認する。事実認定の仕方とか、判断の仕方というのは勉強になりました。いい経験をさせてもらったなと思います。先生がおっしゃるように、そういう裁決例とか民法とかそういうのを、そういう時期があって勉強になったなと思います。

今仲 資産税をやり出して何年かして、開業してからだと10年ぐらいした時から、資産税の担当者と一緒に民法を読み出しました。読み合わせ会。

菊田 へえ、すごいですね。

佐伯 そんなことをやっていたのですか？

今仲 やっていました。やっぱりそれをやってから、担当者のレベル、意識ができた。やっぱりああいう意識を持たせるというのは大事だなと思いますね。

菊田 意識も大事、そうだね。

今仲 なかなかそこまでやっている人、少ないみたいで。

佐伯 そうですね。裁決の勉強会というのはいいでしょうね。

今仲 ええ。

菊田 やっぱり税務署にいる時は、そういう裁決だとか判例とかあまり意識しない職員は多いです。

佐伯 だから反対に税理士側はですね、それを武器に対抗する。調査官はそこまで考えていない方が多い。「もう、修正取るんだ」と押してくるだけ。そこで「どこでそれが言えるの？」とはね返すには、裁決のそういう判断基準で攻めていく。今度は反対に、押し戻していったりとかですね。

菊田 だから、証拠資料が不足しているか不足していないか、事実認定に無理がないかというのは、現物を見ておいたら、裁決例とかいろいろ見ておいたら、知識があればやっぱり武器になるなと思いますね。

今仲 そういう法的な判断基準の問題と、それから実際に、それは事実認定基準の問題ですから「実際のお金の流れがどうなっていっているか」ということを分析するという、そこの技術の問題と、両方が必要になってくる。

佐伯 そうですね。

今仲 これも、調査官に教えてもらった話ですが、ある調査の時に、被相続人の財産の総額から見たら、過去の収入の状況から見ると、あまりに少なすぎると。過去の確定申告書、不動産所得の残高。その不動産の収入から経費を差し引いて、生活費を引いた残りの金額、それの累計を考えると、どう見ても少なすぎる。その差額はどこにいった、という調査を受けたことがあって。その時にその方は、きちんとそれを表にされたのです。それを見せてもらった時に、あ、なるほど、こういう考え方をするのだなと。

これも要は、技術の問題じゃないですか？　キャッシュフローがどこへ
いったのか。「それは奥さんの預金に入っているのでは？」とか、「子ども
の名前の預金に入っているのでは？」、そういう話だと思うのですね。そ
の時私はまだ、理論的にそれに対抗する術を知らなかった。なるほど、我々
が申告をするっていうときに、その視点できちんと確認をしているという
ことも大事なんだな、ということがありました。

　こんな事例がありました。そこは、被相続人が亡くなる10年ぐらい前
に、東京である都市銀行の支店長をしていた息子さんを呼んだ。「お前に
全部の財産の管理を任せるから、収入も全部お前のものでいいから、帰っ
てきてくれ」と。息子さん本人は東京で支店長でまだ40代ですから、そん
なのやりたくなかったのに、無理矢理帰ってきた。全部任された。全部任
された、父親から「これ、全部お前のものでいい」と言われたのだから、
不動産収入は自分のものだ、と思っていた。「帰ってきてから先は私のも
のでいいんでしょ？」と、私に言うわけですよ。いやいや、不動産収入と
いうのは、不動産を持っている人のものですから。それを、管理を任され
たからといって、それはあなたのものではないですよ。それ以降、贈与で
全部自分のものだ、という考え方は、不動産そのものを贈与されたら、そ
れ以降の収入はあなたのものでいいですけれど。不動産そのものは、あく
までも亡くなった人のものなので。その収入はあなたに贈与されていたの
ではないですよと。個別に「はい、1,000万円あげます」とか、「はい、こ
れ500万円あげます」とか言っていたら、その時に贈与は成立しているけ
ど、そうじゃないですよというふうに言ったら、大変抵抗されたのです。
そこでもともとその人が東京から帰って来る時にあった財産額。東京で住
んでいた家を売った時の収入。そこで譲渡所得税がかかった。そんな計算

を全部して、差し引きして、理論的にこれぐらい残っているべきだ。これに不動産所有法人からの10年間の給料収入とか全部合計して、「これだけあるべきだ」。実際の本人、奥さん、子どもさん名義の合計額との差額が、3,000万円ぐらいあった。一方、被相続人の理論値の数字と、実際の数字に差額が2,000万円あったのですよ。キッチリ合うわけないですよね。それで、私は、多い方で申告してくれるのなら認める、と。納税者はいやいや、少ない方でやってくれ、と。なぜかというと、要は「両方とも理論値」と。実際のことは、わからない。そういう意味でいうと、もっとあった可能性もあるわけです。

菊田 そうですね。

今仲 私として責任を持てるのはこっちだから、3,000万円。お客様は、2,000万円だった。1,000万円の差があったのですよ。3,000万円で申告するのであれば、私はハンコを押すけど。2,000万円で申告しろと言うのだったら、ハンコ押しません、と（笑）

佐伯 なかなか強気の税理士さんですね（笑）

菊田 そうですね（笑）

今仲 結局、3,000万円で申告していただいて、相続財産で10億円超えていましたからね。

佐伯 すごいですね。

菊田 調査来ますよね。

佐伯 調査の可能性は大きいですね。

今仲 調査来ませんでした。

佐伯 ああ。

菊田 へえ。

今仲 それも計算式とか計算の過程とかいうのを全部、添付書面に書いて。

菊田 それが有効だったのですね。書いてなかったら、たぶん、来たかもしれないです。

今仲 そうですね。書いてなかったら、「表計算、本当に合っているのか？」っていう話になるので。

菊田 それで、税務署の方も審理したら、「あ、これおっしゃるとおりだし、調査しても難しいな」ということで、省略になったと思いますね。

今仲 そういうことでしょうね。

佐伯 そうですね。

今仲 そういう意味での法的根拠と技術ですね。

佐伯 ああ、濃縮されています。税務署でも一般的にやっていますね。やっぱり、「今までの所得で、これだけ残ってないと」という理論値、それみんな出しますよ。あと、さっきの一番強い照会。銀行への照会というのはもう、ものすごくあるのです。

今仲 照会は我々はできませんからね。納税者の側が隠していたら、我々は、どうしようもない部分が残る。

菊田 できないですね。

今仲 もうどうしようもないですから。そういう意味では、税務署しか。

佐伯 そうですね。だから、相続人が１人でも隠していたら、他の人に全部迷惑がいくわけです。

今仲 それで思い出しました。こういうのがありました。姉弟で、弟が両親と一緒に住んでいた。嫁いだお姉さんがいる。入出金表から、どうもおかしい。2,000万円なくなっている。お金の出入表でわかったわけです。これは絶対おかしい。お姉さんのところの孫とか、そんなところにいって

いるのではないか。その弟さんに話をしたのですよ。そうしたら、「そうかもしれないけどなあ？　姉貴にそういうことを言うのは、言いづらい」と私に言うので、これ、「そのままにしていたら、まず調査に来ますよ。調査に来たら、しんどい思いをするのは、お姉さんだと思いますよ。これは、お姉さんと一度会わせてください。」そういう説明をした上で、弟さんに私から聞きますから、と言ったのです。弟さんは自分からお姉さんにその話してみます、って言われて、ポロッと2,000万円出してきました。

菊田 そうなのですか？　へえ。

今仲 そういうことも、私たちの仕事で、やらないといけないと思うのですよ。

菊田 できないことではないですものね。うん。

佐伯 親の気持ち、母親の気持ちで結構、他の兄弟の知らないところでいっているから。

今仲 それは、お母さんご健在でしたから、お母さんが知っていた。

菊田 なるほど。

今仲 そこの財産は10億円を超えていましたから、どう見ても調査に来る、目に見えているわけですから。

佐伯 そうですね。調査担当者にはおいしいところですよ。

今仲 ね？　そこも結局、調査なかったのですよ。

佐伯 なしで。

菊田 なるほどな。

今仲 他の調査のポイントって？　調査に行かれて多かった漏れのパターン。

佐伯 一番うっかりしているなと思うのが、現金の漏れがあるんですよ。

調査に行くと言っているのに、そのまま置いていたのですね。2、3件ありました。

今仲▶現金で？

佐伯▶現金で。一番大きかったのは、3,000万円。

今仲▶え？

税理士　佐伯健

佐伯▶自宅の金庫に入れているのですよ。

今仲▶金庫、入れているのですか？　それで、調査の時に、ちょっと金庫見せてください、って？

佐伯▶そうです。

今仲▶そうしたら、3,000万円入っていた？

佐伯▶入っていた。

菊田▶現場に行かないといけませんね。保管場所へ。行かなかったら、わからなかったですね。

佐伯▶調査に行くっていうと、税理士さんのミスですよね？

菊田▶そうですね。

佐伯▶来たらこういう調査されますよ、というのを説明していれば、変な意味、隠そうと思ったら隠せるところですね。調査がどんなものか知らないから、ついついそのままにしている。

菊田▶銀行の貸金庫もありますね。

今仲▶今の件で思い出しました。意見聴取があった後、調査という話になったときには、お客様のところに行って「調査に来ます」と、「こんなことしますよ」「こういうふうになったら、こうなりますよ」という話をするわけです。あるお客様に、意見聴取があったのですよ。どうも何か、私の

感触では「何か掴んでそうな気がするな」っていう感覚はあったのです。お客様に説明に行ったら私の目の前に1,000万円ポンと持ってきて「すいません。これ、申告していません」って言うのですよ。「え？　現金、え？」って聞いたら、亡くなる1か月ほど前に、被相続人の定期預金を1,000万円解約しているのです。その1,000万円、そのまま。私たちは、それ調査できませんから。定期預金の証書を隠されるとわかりません。残高証明取っても、それはあくまでも亡くなった時点の被相続人の財産だから、1か月前に解約されていたら、それは記録には出てきません。通帳だったらまだ、過去の取引明細がわかりますけど。定期預金なら、証書になっていたらどうしようもないです。ところが、「調査に来ますよ」、「調査に来たら、こんなことしますよ」と言いに行こうと思って行ったら、机の上に1,000万円ボーンと置いてある。「これ、重加算税かかりますから」としか言いようがない。

佐伯▶意外とあるのですよね。

今仲▶そういうのね。

菊田▶あるんだな。

今仲▶調査に来ないかもしれない、と思うのでしょうね。

菊田▶はい、思うのですね。

佐伯▶そうですね。

菊田▶わからないと思う。

佐伯▶周りで聞いても結構、来ないよという話がやっぱり出るのですよね。あまりないですものね？　相続の調査は。

今仲▶そうですよね。今は10人に1人ぐらいですから。

今仲▶ただ、調査に来られた人は大変な思いをしているから、その人に聞

くと怖がるので、「ちゃんと申告しよう」と思うのですよね。10人に1人だとすると、10分の9は調査受けていないので、中には隠し通せたっていう人もいるでしょうね。

菊田 総資産額が大きい場合は、調査があっても大きな申告漏れがないケースもあります。しかし金額の総資産額が小さい場合には、意外と大きな申告漏れが出てきたりするのですね。意外とポーンとね。不思議なものでね。金額が大きいからといって、調べても出ないものは出ない。小さい場合は、意外と大きい金額がね。重加算税かかるようなものが出てきたりする。

今仲 結構、パターンとして多いのは、生命保険。生命保険金の受取り。生命保険で、ちゃんと手続します。振り込まれるようになっている。それが漏れることってまずないです。ある被相続人の生命保険の受取人が、配偶者でした。Aという外資系の生命保険会社の保険に入っていて、それが2口ありましたと。1口は、配偶者の明らかになっていた通帳に入っていたので、それはわかりました。ところが、もう1口が証券会社で、被相続人の要するに残高がなかったのです。口座はあるけど、残高はない。そこに、どうも証券会社の営業担当から頼まれて、被相続人が生命保険に入っていたみたいで、受取口座が配偶者の残高ゼロの口座になっていたのです。支払通知書が来ます。それをもらっていたら、わかっていたのでしょうが、当事務所に来る前にそれはもう受け取っていた。それで、その書類がない。明らかになっている配偶者の口座に振り込まれた分だけだと思って、申告した。ところが、当然、税務署には資料がいっています。

佐伯 うん、来ますね。

菊田 来ますね。

今仲 意見聴取があって。それだけの修正をしました。

菊田 なるほど。

佐伯 そうですよね。生命保険も全部、法定調書ですからね。出てきますからね。

菊田 照会も出します。

今仲 ですよね？

佐伯 必ず出てきます。

今仲 そういうケースがあったので、これからどうしようかなと思っているのです。

佐伯 どうしようもないです、これは。

菊田 どうしようもないですね。

今仲 調べようがない。とにかくそれからは、生命保険の支払通知書は必ず渡してくださいねというふうに、早めに言うようにしているのですが、捨ててしまったと言われたら、どうしようもないですものね。大体、そんなお金を受け取ったら書類はもう要らないと思って、捨ててしまわれるわけです。

菊田 生命保険ね。

今仲 あとやっぱり、多いのは、生命保険に関する権利。

菊田 最近多いですね、権利漏れているのはね。

今仲 孫とか子どもを被保険者とか受取人にしていて、保険料を支払っているのは、被相続人というケースです。

佐伯 それは、調査しやすいですよね。今度は、契約者が奥さんで、受取人が孫。だけど、奥さんはそれこそ、保険料支払がない。そういうのも結構あるのです。

今仲 なるほど。

佐伯 ええ。

今仲 それは、調書が出るのですか？

菊田 出てこない。

佐伯 ただ、照会文書で照会した人の契約は全部出てきますから、そこでわかるわけです。

菊田 たまに、被相続人の通帳から、保険料支払が出てくる場合がある。その保険料は何かな？　と思ったら、そういう契約。

今仲 それが、年払いで払われたら、我々もチェックできる。ところが、何年も前に一時払いで払われていたら、これもわからないです。

菊田 そういうのある。

今仲 それは、被相続人がやったことですから、相続人も知らない。孫も知らない。そのパターンが我々が一番調べにくいところ。

佐伯 全然無理ですね。

今仲 無理？

佐伯 税務署も、もう保険事故が発生しない限り。

今仲 ですよね？

菊田 そうですね。

今仲 そういうふうなものが、未だにあったりして、意見聴取の時に指摘を受けたりする、というのがありますね。今はもう、意見聴取の時に指摘を受けたものは、加算税が付かないので、延滞税だけで済む。ありがたいなと思いますね。調査する立場からすると、よくないのでしょうけど。

佐伯 どうなんでしょうね？

今仲 我々としては、ありがたいなと。お客様を守れるので。

佐伯 税務署は、すごくいっぱい資料を持っているというのは、思っていなければなりません。

今仲 はい。ちょっと確認させてほしいのですが、例えば、その資料というのは税務署の側から、いろんなところに問い合わせをすること、典型が金融機関なのでしょうが、生命保険会社とか、ＪＡなども。

佐伯 そうそう、農協。そうですね。

今仲 あれですよね？　建更なんかね。

佐伯 ええ、建更。

今仲 そういうのを問い合わせると出てくる。それ以外というのは、例えば、他の何かの調査から出てきた、資料化されたものが溜まっているとかあるのですか？

佐伯 国税庁のＫＳＫシステム。これは全国で入れますから。そうすると、いざ相続人、被相続人、名前を入れれば、関連する資料が出てくるわけです。簡単にいえば。

今仲 なるほど。名寄せで。

菊田 昔、土地の売却があったとか、有価証券を売却していたとか、金の売却があったとか、そういうのが出てくるケースもあるのですね。

今仲 譲渡なんかは、過去何年？　ＫＳＫが始まった時のものから出る？

佐伯 出てくる。

今仲 金は確か、ここ10年も経っていないと思うのですが、データ化されたというか、全ての取引に関する資料箋も出す義務が課されました。

菊田 以前調査か何かの時に、金の取引事実をＫＳＫに入力していました。

佐伯 原則、申告書の提出があったものは入れなさい、と。

菊田 売買してるとか、保有しているとか、何かあったときには、ＫＳＫ

に入力しなさい。

佐伯 取引銀行とかね。

菊田 ＫＳＫ、そうだね。取引銀行とか入力しなさい、となってるから。担当者が、これは必要だな、ということで入力した場合は、そのＫＳＫで出てくる。

佐伯 それで、今おっしゃった、法定資料は、もう無条件に入ってきますから。

今仲 5、6年前の法定調書の改正で、金は全部。

今仲 そういう意味でいうと、金とか不動産の売買とか生命保険とか。

佐伯 昔、ゴルフの会員権が高いときにはやりましたね、照会出して。

菊田 そういうゴルフ会員権はあった。あれも一つの財産。

佐伯 それこそさっきの話じゃないけど。臨宅調査行って、キャディバックがあると、ゴルフをするんですねって。どこへよく行かれるのですか？どこかの会員ですか？　って。

菊田 今もう、あまり注目しないけど。

佐伯 今もう、ゴルフ会員権もガサッと下がっちゃいましたから、あまりおいしくないのですよ。

菊田 おいしくないですものね。

今仲 それでも、ゴルフ会員権、漏れる可能性ありますよね。

菊田 そうですね。

今仲 100万円、200万円といえども、財産ですから。

菊田 そうです。趣味とかよく聞きますよ。海外旅行です、とか、ゴルフしますとかいうから、ああそうですか、ゴルフするのですか。

今仲 そんなところかな？　調査のポイント？

菊田 亡くなった人のその病状が、意思能力、判断能力がいつまであったのかっていう話ですね、それも必要なのですよね。

今仲 なるほど。

菊田 直前にお金を出金してる分で、それは誰が出金していたのかというときに、いやお父さんがしていましたって言ったって、お父さんがその前に、そういう意思能力がなければできない。調査したら、相続人がしていた場合もあるので。お父さんが実際、どの辺まで自分で銀行に行ったりとかできていたのか。

今仲 そうですね。

菊田 うん。だから、税理士サイドから一応聞いておく必要がありますね。

今仲 はい。

佐伯 確かに調査に行った時に、入院している期間は被相続人の預貯金の管理を誰がしているかということ。それはもうしつこく聞かれますね。

今仲 一応、添付書類にはそのようなことを書くようにしています。

佐伯 ありますね。

今仲 意思能力があったかどうかも含めて書くようにはしています。

佐伯 それが書かれているから、「調査、やめようか」という、その辺がわからないから、調査に行こうということになる可能性はあります。

今仲 確認しておこう。

佐伯 そうそう。

今仲 そういうのも全部、調査を受けている過程で、調査官の方から聞かれている、「それは何のために聞いているのか？」というような、最初の頃はわからなかった。

菊田 あれね、意外と意味があるのです。

今仲 それと、先ほどの「重加算税になるかならないか」というのは、調査官の方々にとってはすごく大事なポイント。

菊田 大事です。

今仲 「なぜ、そんなこと聞くのだろう？」というのは、最初のうちはわからなかった。ところが、これは重加算税になるかどうかが、「こういう言葉が出てきたら重加算税、こういう言葉であったら重加算税でない」というのがあるというのが、後からわかりました。

菊田 だから、質問応答記録書に聞いたりしたことを、その調書に記載します。亡くなる直前に、銀行とかどうされていたのですか。亡くなったお父さんがしていまして、私は知りませんといっても、銀行で伝票等調査したら、相続人が預金を引き出していた場合もあります。虚偽答弁したことになるので、重加算税対象になる場合もあります。だから、証拠として残るということになります。

佐伯 その重加算税に関していえば、銀行では、出し入れに来た人が本人じゃないときには、ちゃんとチェックしてますね。伝票の裏に「女性」とか、「眼鏡をかける」。だから、本人じゃない人が行っているというのは、わかってしまうときがありますよね。

今仲 そうなのですか？　それは知らなかった。

佐伯 大きい金額を引き出しに来た時は。本来の所有者に電話で確認するとか。そうでなければ、銀行に…。

今仲 それを銀行の側も…。

佐伯 自分を守るためですよね。

今仲 それを書いておくことによって、要は、「ちゃんとご本人で、だからということで出しました」というふうに、自分を守らなければならないか

らメモしている。銀行の窓口担当者にとっては、当たり前のことになっている。

菊田 最近、ちょっと厳しいですよね、やっぱりね。本人じゃないと、なかなか。

佐伯 だから、「いやあ、これ親父がやっていて、知らない」と言っても、実際は誰が行ったか、違う人が行っているのはそこでわかってしまうのです。

菊田 調査官の質問には隠された意図があることがほとんどです。先ほどの趣味のゴルフとか、入院期間の話とか。

今仲 なるほど。先ほど、ちらっと言葉に出された金庫の話をちょっと。金庫の調査に行った時に、出てきたよ、みたいな話はないですか？

菊田 3時過ぎても、銀行は閉まっているのですが、入れます。職員出入口から入れますので。相続人と一緒に銀行へ行って、金庫を開けてもらって。空っぽというときもあるし、権利書とか申告漏れの他府県の不動産の権利書が出てきたりとか、申告漏れの貴金属が出てきたりとか。そういうのがありますね。

今仲 例えば、金のインゴットとか。

佐伯 昔はやっぱり、さっきの無記名債権ですよね。

菊田 昔はね。

佐伯 銀行は意外とないですね。

今仲 当事務所のお客様で出てきたのが、今のインゴットですよ。インゴットで問題なのは、そのインゴットが誰のものかがどこにも書いていません。貸金庫の名義は被相続人の名義。だけど、そこに配偶者のものが入っていることってある。

佐伯 あり得ますね。

菊田 あります、あります。

今仲 どう判断します？

佐伯 そこはやっぱり、また戻りますけど。「この資金はどうしたの？」と、そこからですよね。

今仲 それって、金の取引業者で記録が残っているということはあるのですか？

佐伯 奥さん名義でいけば、その購入申込書、それに奥さん名を書くけれど。それはそれとして、やっぱり元の資金ですよね。

今仲 もちろん、お金の流れでしょうね。

菊田 あとは、数日前にも貸金庫を開けている場合もあるからね。わかるのですよ、開閉録出てきたらですね。「開けているんだなあ」といって。

今仲 調査来ると。

菊田 わかってから。

今仲 調査通知があった。調査日まで日にちがある。その間に行って出す。

菊田 それはもう、わからないです。

今仲 それやられても、わかりませんね？

佐伯 わからないですね。

菊田 自宅にあった税務署に見せられないものは、別の実家とかに持っていくとか、そういうのがあるのですよね。

今仲 そんなのを見つけたことがあるのですか？

菊田 見つけた。「そこはまだ、どうなのですか？」と言うと、「あれは向こうに預けています」と言うので、じゃあ今から行きましょうって言って、

車で行って、見つけ出した。

佐伯 税務署側も何か端緒がないと、強くいけないですよね。

菊田 いけない。

今仲 その基がないと。

菊田 「どこに置いてあるのですか？」「銀行に預けていますね？」「貸金庫に置いています」「なら、行きましょう」。

今仲 貸金庫は、自動的に行くということはないのですか？

菊田 それはできないですよ。本人が来ないと無理です。

佐伯 違う。調査を。

今仲 調査に行く時に、貸金庫があるということはわかるじゃないですか？

菊田 わかる場合もある。わからない場合もある。

今仲 わかっていたら、基本的にはそこには行く？

菊田 事前に行くことはないですが、相続人と一緒に行くことになります。知っていて行かないのは、まずないです。

今仲 私も何回か、金庫を開ける時に立ち合いで行きました。相続人の間で、何があるかを確認していないケースがあって。調査の時に初めて、相続人が全員集まって、「自分たちも見たい」みたいなことを言われて。相続人全員が私と一緒に付いて、調査官と一緒に行ったということはあります。そこで、「え？　こんなのあったの？」みたいな話で。

菊田 テレビドラマみたいに集まってね。

今仲 それで、また、「それは誰が相続するのか？」みたいな話、ありました。

菊田 同族会社の株主で、出資者が７人以上いないと設立できなかった時

代があったでしょう？　だから、名義株が、よくあったのですよ。平成2年以前の名義7人以上。

今仲 おっしゃっているのは、株式会社をつくる時の発起人。

菊田 そうそう。

今仲 7人以上の発起人がいないと、株式会社は作れないという時代が長くあった。かたち上だけ、発起人が7人いる。

菊田 かたち上だけですね。

今仲 本当は、オーナーが1人でお金を全部出している。あとの6人は名前だけ。例えば、「1万株」というときに、「6人は100株ずつ出した」みたいなことをしてあったという話ですね。

菊田 伝票とかそういうものでわかるのですが、「あ、これ名義がくさいな」と思ったら、もう必ず行って、出資の状況とか、「株主配当ありますか？」とか確認する。結局は、名義人の自宅とか電話して判明するのです。それで自宅に行った時に、「配当をもらったことがありますか？」「いや、ありません」「株主総会に行っていたことありませんか？」「ありません。いや、もう単に名前を貸しただけですよ」と、その時は、名義株と聴取書を作成します。そういうので、よく名義株を調査しました。

今仲 今でもありますよね？　古い会社の場合。

菊田 あります。古い会社なら、それをちゃんと整理できていない場合は、調査に行ったらたぶん、名義株の可能性は高いと思います。それは整理する必要があります。

佐伯 それはあるのではないですか？　そういう名義の人の分を「引き取りたいのだけど」とか。

今仲 事業承継対策をやっていると、一番最初に整理をする項目の中に入

れています。名義株の整理とかも入れているのです。相続税の申告の時に、当事務所のお客様の場合には、基本的にそれは整理してあるからいいのですけど。

菊田 その株券発行してないでしょう？　株主名義もあまり書いていないケースも多いので、覚えていない。配当もないし、株主総会に出たこともない。そういうのは大体名義株です。

今仲 関与先以外で「相続税の申告をお願い」と言ってきて、「同族会社の株も持っています」と、「オーナーでした」というケースの場合には、注意する必要がありますね。

菊田 そうです。既存の持ち株だけで計算したらいけないのですね。名義株の整理をしておかないと。

今仲 上場株で注意をしなければならないのは、端株ですね。税務調査のときに、その上場株で、何か問題になったことがありますか？

佐伯 上場株だともうすべて名義が出ているわけですから、これも他の相続人の名義分の取得資金だけですよね。

菊田 そうですね。

今仲 被相続人が奥さん名義とか子ども名義で、株の取引をやっていた。亡くなった人の名義の株だけを申告して、配偶者とか子どもとか孫の名義で、被相続人のお金で、被相続人が取引をしていた。その分が相続開始時点で、被相続人以外の名義で残っていたというのを外していた、ということがある？

菊田 いっぱいあります。保護預りですか？　忘れた場合も出てきます。預金と同じように取引履歴がありますので、株の売買をしたとか、保護預りしているとか、そういうのでわかる。

今仲 今は、「ほふり」っていうんですね。

佐伯 「ほふり」っていうみたいですね。

今仲 正式名称は、証券保管振替機構。

佐伯 データだけで管理ですね。

今仲 そういうのは、資金がどこから出ているかで判断？

佐伯 そうですね。

今仲 あとは、配当がその配偶者とか子どもとか孫のところにきちんと入るかどうか。

佐伯 上場株の場合は、自動的にいっちゃいますからね、名義のところに。

菊田 ですよね？

今仲 その口座の通帳を誰が管理しているか？

佐伯 そうですね。取引を誰がやっているかですね。

今仲 売買は配偶者がしていたものも結構ある。一方で、配偶者は、もう自分のお金というのはわかっているけど、自分では取引とか売買するのはできなくて、亡くなったお父さんにやってもらっていた、みたいな話があるじゃないですか？

佐伯 ありますね。

今仲 あれってややこしいですね。

菊田 はい。

今仲 現実、そういうこともありますからね。

佐伯 それも結果、じゃあ、奥さんの資金は？　という。全てはそうですね。その人の資金。

菊田 原資が大事です。

今仲 結局、誰のお金か、というところへいく。

菊田 それはだから、税務署サイドの原資が不明の場合はなかなか控訴も しにくいので、やっぱり原資をつかむのがまず、直接照会でバッとつかん だら結構強いですね。つかめなかった場合、なかなか難しい。

佐伯 だから、納税者側からいったら、原資はないのですが贈与を受けた のですという。贈与がこの時あったということを、いかに立証するか。

今仲 だけど、そんないちいち書類作ってやっている人はいませんからね、 なかなか。

菊田 そうですね。

佐伯 特に、同居している奥さんは難しいですね。

今仲 こういうことがありました。嫁いだ娘さんの通帳で、旧姓のまま置 いていたもの。

菊田 それはよくあります。

佐伯 あります、あります。

今仲 これはもう、基本的に、それは被相続人の財産で見ますよね？

佐伯 そうですね。

今仲 ただ、これも時々ある話ですが、要は、小さい時からお年玉とかずっ と貯めていましたと。それが、合計で200万円ぐらいになっていましたと。 本来なら、成人した時に、あるいは、嫁いだ時に本人に渡すのだけども、 そのまま置いたままでした。

菊田 「預かっていました」と。

今仲 特に、古いもの。過去の入金の経緯は見たらわかるわけだから、そ れまでは課税できないのではないですか？

佐伯 そうですね。管理運用はお母さん。

今仲 子どもの時は、それは両親がやるしかないわけですから。

佐伯 やっぱりそれは、常識判断ですよね。

佐伯 そこまではいくら税務署とはいえ、コンピュータじゃないですから。

菊田 嫁いだとか、そういう場合だったら、一緒に渡すのが普通だからね。

佐伯 直近のその出入りでの判断ですよね。

今仲 そのままほったらかしにしていて、ずっときていると。結婚してから20年も経っているけど、そのままなった。それで、亡くなった、というものまでは。

佐伯 もっともだと思われたら、そこまではしませんね。

菊田 総合判断だからね。なかなか難しい。

今仲 その辺りは、事実による確認をしてから判断する。

菊田 税務署側も「被相続人、帰属財産だ」というためには、間接証拠をいっぱい積み重ねないと、難しいのです。疑わしいけど、そのままにしましょうっていうことで処理する側面もあります。

今仲 なるほど。

菊田 若い調査官だと、これだけ配偶者の奥さん、持ってるから、これ絶対名義預金だと、証拠もなく言う。あとでよく聞くと、その奥さんは、自分の実家から相続している。そんなこともあるので、必ず聞いておくことが大事です。

今仲 それを説明する時に必ず言っているのは、奥さん自身が結婚する前に、働いていて貯めたお金、それもあるでしょう？　それから、奥さん自身のご両親が亡くなって、相続でもらったお金もあるでしょう？　それは奥さんのものですから、それは奥さんのものとして申告しないでいいのですよ。お金に色はついてないので、それがどれかは、わからないように今なっているでしょう？　そこが難しいところなのです、というわけです。

そういうことを、法的判断で当事務所がきちんと判断して、判断した基準を明確に書いておいて申告します。すると、安心でしょう？　というと、「任せて安心」と思ってくれる。そういうところが大事。

菊田▶大事ですね。また、信頼関係がないとできません。

今仲▶長いお付き合いのお客様は信頼関係ができていますが、紹介されてある日突然来た相続税の申告のお客様は信頼関係ができていないですね。当事務所の相続税申告の３分の１ぐらいは今までお取引がなかったところの申告ですから、そういうところは、信頼関係がない状態で話をする必要がある。誠意を持って話をして、かつ、当事務所の実績をお話すると、納得してもらえる。そういう意味ではやっぱり、実績を積み重ねることの大事さを思いますね。

佐伯▶さっきの家族名義の話なのですが、奥さんの方がご主人より残った預貯金、株が多いことがあったのです。３億ぐらいあったのかな？　ご主人が２億ぐらいでした。さっきの話です。「おかしいでしょう？　絶対あり得ないでしょう？」「いや、私、これ結婚前からピアノを教えていて。それで貯めてきたのです」それ、説明ですよね。「いやいや、それでもこんなに貯まらないでしょう？」という話でした。最後、奥さんがその当時のメモ、日記というかメモというか、それを出してきたのです。そこには、月謝いくら、それから、この人から御歳暮いくらもらったとか、そういう細かいメモ、ずっと書いてある。そうしたらやっぱり、言っていたことが額は多いとしても、とりあえず正しいでしょう？　そうすると、これ以上、ご主人から確実にいったという確証がない限りは奥さんの財産ということになる。やっぱりそういう基の資料をちゃんと持っている、残しておくというのは一番大事ですよね。

今仲 これも、調査の時に出てきた話なのですが、ご主人は相当昔に亡くなって、奥さんが亡くなった時の相続税の申告を当事務所がやっていたのですね。銀行の紹介で、それまでは取引も全くなかったというお客様です。お母さんが亡くなりました。お母さんの娘婿の人が私と応対していました。いつものように申告をしました。調査がありました。お金の流れとかいうのも、一応見ていたのです。なんと、調査の時に、いろいろと調査官の方が娘婿さんに聞かれて、娘婿さんはそんな詳しいことはよく知らないですから、「いや、わかりません」「いや、それならメモとか残していませんか？ 日記とか付けていませんか？」と言われて。調べたらなんと家計簿が出てきたじゃないですか。20年とか30年分、ドーンと出てきた。そこに「贈与した」とか、すべて書いてあるのです。大きなお金が出ていって、「トイレの修理をした」とか、「何百万円」とか。何に使ったかわからない分もそこに書いてあって。その結果、一部は修正になりましたが、修正しないで済んだ金額はかなり…。

佐伯 大きいでしょうね？

今仲 そういうのがやっぱりありましたね。おっしゃったように、亡くなった人が付けていた日記とか、家計簿とかっていうのは大事ですね。

佐伯 大事ですね。

菊田 だから贈与をした方も、「贈与をしました」というだけではわからない。もらった方ももらった方で、それを「自分のものだ」というためには、「管理は自分がしています」ということ、「使っています」ということ、これらの実績を残すようにしておかないと。そうすると、まだ信ぴょう性が高い。

今仲 そうですね。

菊田 うん、それも必要だなと思います。

今仲 贈与をする時には、相手が成人して勤めている人の場合には、給与の振込み口座に振り込みなさいよと。

佐伯 はい、それはいいですね。

今仲 本人しかないわけですから。それを別の通帳でやっていると、その通帳を贈与者が持っていたのでは？　と言われてしまう。それを証明しようと思ったら、証明のしようがないです。

菊田 そうです。

今仲 もうきりがないのでこれぐらいにしておきましょう。ありがとうございました。

菊田税理士　　　佐伯税理士

16

債 務 控 除

今仲 今回は債務控除を取り上げます。普通の債務控除は、銀行で借りているとか、葬式費用とか、そんなに問題になることはありません。結局、親族間でお金を借りている、貸しているという状態で被相続人が借りていた、というケースですね。親子もあれば兄弟とかで債務控除をしようとしたときに、大概のケースは何の証拠も残っていない。実際に当事者間では貸借の認識があるという、そういうふうなケースも含めて、まずは先生お二人に、そういうことで問題になって否認したとか、あるいは否認するのはなかなか難しいとか、その辺のところをお話いただけますでしょうか。

菊田 裁決事例を見ると、親子間で契約書もないし、結局「実態がない」ということで否認されて、裁決も棄却ということになっている例が多い。親族間であっても、債務は相続財産から控除できます。借入金額が大きければ、確認する必要があるということで、確認するに際しては、やっぱり借入れの理由とか、それはどういうかたちで使っているかとか、借入れに対応する財産、見合っているのがあるのかどうかとか。税務署側に立証責任があるわけで、その辺のところはどうしても詰めていって、調査をする。

237

それに対しては、納税者の税理士側としては、具体的に説明できるような、実態が本当にそうであればそういった資料を揃えておくというのが一番大事かなというふうには思いますね。

今仲 なるほど。

佐伯 確かに一番は、その借入金に見合うものがあるか、ですね。それに貸主の資金力。それが10年以内であれば、まだ銀行預金取引からある程度追っていけますね。それ以前の場合は、話の内容でしょうね、実際。真実性があるかどうか。その貸した側、特に子どもの場合は、それだけの資金的な元があるかどうか。常識的な、誰が考えても、もっともだと思えるのであれば、証拠がなくても認められる。

今仲 要は、それが事実として確認できるものがなくても、実態、例えば物（ぶつ）があって、それはどう考えても、本人はお金を持っていなかっただろう、と。貸した側にはお金を持っていただろうと思えるような状況があって。例えば、10年前に2億円とか3億円とかで買っている。銀行から借金しているのは1億円しかなかった。じゃ、2億円どこから持ってきたのだろう？　という状況がある。例えば、その時に、10年前に子どもからお父さんのところにその2億円のお金が移ったという証拠がなくても、2億円は持っていたというだけの客観的な証拠が。

佐伯 そうですね。そういって推測できれば。

今仲 できれば、それはもう、「そうだろう」と。逆に、否認をするだけの根拠が…。

佐伯 税務署側ができないですね。

今仲 ですから、それで不問に付すというか、「そうなの」といわざるを得ないと。こういうことですね？

佐伯 そうですね。実際、税務署にいた時、親族間の借入れで債務控除って少ないよね？　あまり見ないね。

菊田 見ないことはないけど。以前、問題があったように、架空債務を計上する時期があったので。その辺はちょっと減ったことは減ったかなと思います。親子間の債務控除は、若干また増えているのではないかと、私は思いますけどね。何回か見ている。小さい金額だったらいいわけではないけれど、別にあまりそんな確認調査をすることはないけど、大きい金額だったらどうしても、税務署側としては確認しないと決裁が取れない。

今仲 現実の問題、過去に、そういう大きな架空債務の事件みたいなのが、あったのですか？　私はよく知らないのですが。

菊田 そうですか。架空債務というか、どうなんですかね？　架空債務というか、架空の人物なりの借入れということにしておいて、相続財産から引くみたいな感じの、そういう時期があった。それはまた、判例とかでよく出ましたが、最近は見かけない。

佐伯 私もほとんど当たったことはないですね。

今仲 被相続人が、子どもからお金を借りていたというときに、元金返済をしていなかったとか。それが本当にあったかどうかということを考えるときに、返済の状況とか。利息はどうしていたの？　みたいな話もあると思うのですが、そういう考え方ってどうなのですか？

菊田 それは、返済事実がないとおかしいですよね。

今仲 ただ、ずっと返済することができなくて、それをずっと、要は塩漬けで借りていたみたいな話もあり得るのかなと思います。

菊田 それは、貸付け、実態はないということで、否認される可能性があります。本来は、銀行から借りられないのを、子どもとか他の人から借り

るのですから、金融機関と同じように、契約書を作って、利息も払って、事実そういうかたちで契約に基づいて返済していくというのが、普通ですからね。

今仲 ただ、賃貸住宅を建てている場合、当然、賃貸収入があるので、それで返せます。それも、銀行からの借入れが３億円のうち１億円で、２億円は個人から借りているので、お金は残るはずですから、当然返せるはず。そういうケースの場合には、ちゃんと返している実績があるはずです。逆にいうと、それを返済していなければそれこそ否認できる。

佐伯 そうですね。

今仲 ということですね？

佐伯 ええ、借入金もそうですね。

菊田 借入れをしているときに、例えば相続開始直前とか、契約書を作っていても、被相続人にその判断能力とか意思能力が本当にあったのかどうか、別に病状を絡めて調査をすることもあります。実際は被相続人が知らない間に、相続人の間で書類を作って契約をしている可能性もある。税務署の方もその辺の被相続人の病状、いついつ入院して、いつから判断ができなかったのか、その辺は調査しますので、その辺を含めたところで、返済能力とか、その返済している事実とか、そういった総合的に判断してするかなという感じがします。

今仲 今の話を整理すると。相続の前３年とか５年ぐらいの間に、そういうふうな大きな金額の借入れがあって、何か取得していたという事実が仮にあったとしても、それが本人の意思でやったのかどうかということも大きなポイントだと。

菊田 そうですね。

佐伯 ただ、本人のものになっているわけですからね。それは相続財産として申告するわけでしょう？

今仲 だけどその時は、要は、物（ぶつ）があったら、それが本人のものになっていたら、それは今度はどのようにして取得したのかという話がある。その時に登記をされているのが被相続人だとすると、被相続人のものであると、例えば意思能力がないのにするとっていう話は、あるのではないですか？　意思能力がないのに、その人の名義で登記していることそのものが間違いということもあるのかなと思いますが、その辺は非常に微妙なところ。

佐伯 そうですね。

菊田 例えば不動産があります、3億円あります。だけど、その2億円は、実際は自分のお金を出しているのかわからない。だけど、それを子からの借入金にしているかもしれない。それで債務として引いてしまっていることも考えられる。だから、財産があったからといって、どうなのかなという感じもする。

佐伯 確かにね。

今仲 意思能力っていう話になったときに、もうすでに5年前に認知症にかかっていて、意思能力はないのですよ、という状況の中で、3年前に3億円でマンションを建てました。それで登記はその被相続人の名前でされています。借入れは、子どもからしていたと言っています、みたいな話になったときに、それを意思能力がなくて建てたものは、それは本人のものではないということで、建物のプラスもマイナスもなかったことになるという、理論的にいうとそういう世界がある。

佐伯 そうですね。ただ、それで家賃を本人の所得として申告していると

なってきたときに、否認するかといったらしないですね、現実は。

今仲 なるほど、現実はね。

佐伯 いくらそうであっても。確かに、不動産の評価額の差を狙って、そういう形でやるのはあり得るよね。

菊田 うん、あり得る。

佐伯 ただ、3年4年と実績が積んでこられると、否認まではいかないですよね。

今仲 なるほど。

菊田 税務署側としては、否認できるかどうかは別にして、子どもからの借入れ事実を確認しないといけないということで、そのままでしたら、決裁も下りません。その決裁そのまま調査もせずにということはないと思います。

今仲 なるほどね。

菊田 はい。

今仲 債務控除のときの、銀行から借り入れているものについてまで、例えば、3年前とか5年前に認知症になっているのに、賃貸物件を所有しているからそれを否認するというふうなことまでを、その間ずっと本人の名前で申告していたら、そこまではあまりすることはないと。

佐伯 ないでしょう。

菊田 そうですね。

今仲 というのが、実態だということですね。親子間で「そういう債務があった」、「ない」っていう話になると、そのポイントは、実物があるということ。それから、元金返済をしているかどうか。つまり、そこの物件から収入があれば、その収入で返せるという実態があり、返済していれば債

務控除は当然できる。だけど、もともと貸した人にそのお金があったのか
ということが、まず一番最初に大事なポイント。ないのに、形式だけでやっ
ていても、それはダメという話になる。もともと、2億円だったら2億円
を被相続人から裏で出していてもわからないけれど、こういうこともある
と。こんな整理でいいのですかね？

佐伯 ええ、そうですね。

今仲 素人の方は、税金を安くしようと考えると、我々がこんなの後から
調べたらすぐわかるじゃないですかと思うようなことを発想して、やる人
が時々いらっしゃる。本当に信じられないことをされる方がいらっしゃ
る。そこはやはり、そんな税金を安くするためだけに、ちょっと考えたと
ころでポポポッとやって、それで税金安くなったね、それで終わりみたい
な、そんな簡単に済むような話ではないということは、しっかりと認識し
てもらわないといけない。逆の言い方をすると、それが実際としてあった
場合には、それをきちんと後でわかるように、証拠を残しておいてもらわ
なかったら、外見的に見たら不自然だなというふうなところから、調査を
する立場からは見えるので、それを何の証拠もなくポッと申告だけしてい
ると、まず100％調査の対象になってしまうということがあるということ
を強く認識していただいて、相続税の申告をするときに、事前に当事務所
に正直に全部を話をしていただくということが入り口の大事なところです
ね。

菊田 正直に言ってもらわないとね。

佐伯 他では銀行借入れでも、不動産の評価との絡みでの、債務控除をど
うするかというぐらいですよね。

今仲 そうですよね。

佐伯 親族間の借入れと、それぐらいかな。よくあったのが、それに保証債務。

今仲 保証債務、はい。

菊田 それはダメですね。

今仲 我々は常識、法律できちっとわかっているのでついついあまり問題にしませんが、素人の人からすると、いつ請求されるかわからない、保証債務。被相続人が亡くなりました。亡くなる前に、Ａさんが借金をしていて被相続人がその保証人になっていました。銀行からとかどこかは別にして、その保証人になってハンコを押して名前が入っていました、という状態。その金額が例えば1億円だったとすると、亡くなって税務署が調査に来るまでの間に、それをＡさんが破産になって、払わざるを得なくなった。1億円、保証人に支払えと言ってきた。その時点では亡くなっていたので、相続人のところにそれを言われた。相続人はこれ、払わなければならない。これ、相続したものだから、債務控除してちょうだい、と言われたという、そういう話ですね？　これ。

佐伯 そうです。他人ならまだしも、特に亡くなった被相続人が経営していた会社の保証がまた、悩ましいところですよね。

今仲 なるほど。

菊田 悩ましいよね。相続開始時点は、保証債務の場合は、本来債務じゃないから、その相続開始時点で、どうだったかというところの実態になります。支払ったとしても、その支払った金額をＡさん、又は同族会社に求償権を行使できると債務控除の対象になりませんのでね。

佐伯 相続人も会社を続けていこうという気で引き継ぐわけですからね。そして、どうしようもなくなって、2年後、3年後、ダメになったという

ことですよね。

今仲 なるほど。

菊田 相続開始時点でダメでも、あとでいい場合も出ているからね。だから、難しいところですね。

今仲 そのケースでいうと、今まで2件、相続税の申告をする過程で相続放棄をされた方がいらっしゃいます。

佐伯 放棄ですか？

今仲 2件。一つは、それこそ今のケースで、会社の経営者を長くやられていました。娘婿さんが会社を引き継いで社長になっています。先代さんが退任をして亡くなるまで結構長かったので、その間に銀行と交渉をして、「もう、保証人を全部外してもらう」ということを事前にされていました。つまり、保証は娘婿さんの社長さんだけにしてしまっていたという状態だったのです。「だけど、どこで保証しているからって、書類で残っていませんから、隠れた保証をしている可能性がゼロではないので相続人の人たちにそのリスクはあるのですよ」という説明をしたのです。ひょっとしたら、保証債務が残っているかもわかりませんと。いくらかのお金を相続する。あるいは、全くもう相続もしない。という状態で、だけど法定相続人です、という人が、この遺産分割協議書には、ハンコは押さないといけないので押しました。何年かした後に、どこかの会社が潰れて。その保証人に、亡くなった人がなっていましたといったときに、そこで例えば、1億円とか5,000万円とかに保証していましたっていうと、その分も皆さんのところに保証人ですから、保証債務を履行してちょうだいねって言われるリスクがあります、という説明をしたのですよ。いや、なるかならないのかはわかりません。だけど、そういうリスクはあるのですということは

知っておいた上で、ハンコ押してくださいねということを、言いました。私の立場は、後からそんなことが出てきたら、なぜ教えてくれなかったのかみたいな話になるので、そういうふうに説明をしたわけです。娘婿は養子縁組をしていたのですが。その会社を引き継いだ娘さんと娘婿以外の人全員が、相続放棄したという例がありました。もっとも、財産そのものがそんなにプラスの財産がなかった。ほとんどの財産が法人名義だったものですから、会社の状況も実はその時かなり悪くて、もう債務超過になっていた。そういうことですから、その会社自体が潰れたら、それこそ、自分たちに何かくるかもしれないというのが、一番大きな理由だったのです。

　もう一つは、これは亡くなるかなり前に会社の社長をしていた。亡くなった時点では、そこの会社とはほとんど何の関係もなかったのですが、大きな会社の社長をされていた方で、その当時会社の相当な額の借金の保証人になっていた。その相続人は娘さん２人で、そこの会社の株を被相続人が持っていたので、それを相続するかどうかの話の時に、娘さん自身が「あそこの会社はすごい借金がある」というのを知っておられて。その借金をする時、被相続人が保証人になっていた時期があるということもご存じで。娘さんのＡさんは、もう怖いので私は相続放棄します、と。Ｂさんは会社が潰れなかったらどうってことないんだから、私は相続しますといって、相続されたというケースがありました。

　そういうことなので、いわゆる保証債務というのは、被相続人が同族会社の借入金の保証人をしていると、この保証債務は法定相続人が放棄をしない限りは、そのまま相続されるというのが、非常に重要なポイント。これが実は、我々税理士は、企業の顧問をしていて、決算申告をしている。そのオーナーの方が亡くなると、この問題が必ず出てくるわけですよ。そ

れは、普通、会社を経営していたら個人保証をさせられていますから、もう必ず出てくる話。それでも、今申し上げたように、もう35年やっていても、放棄されたのは2件だけしかなかったというような実態ですね。

佐伯 保証債務に関する相談を受けることが結構あったということですね。債務として控除できますか？　と。

今仲 相続開始の時に、確実な債務しか引けないです。

佐伯 そうですね。そこですね。

今仲 保証はしているけども、亡くなった時には、その保証債務の履行を求められているわけではないので、その事実が発生するのは相続よりも後。

佐伯 そうですね、ダメになった時ね。

今仲 破産するというふうな状態になると、亡くなった時点で、もう保証債務を履行しなければならない状況にあったのかどうかというのが問題になると、こういうことですね？

菊田 そうですね、はい。

今仲 だけど、2年後、3年後破産になったといったら、相続開始時点ではもう破産状況に近いものがあったのではないかという可能性はありますね。

菊田 ありますね。

佐伯 ありますね。ただ、潰したくないという、相続人がね。だけど、どうなるかわからない。

今仲 なるほど。もう、そういう場合には、その会社をオーナーが100％持っているような、そんないわゆる中小企業で、従業員も数人とかいうような状態ですごい金額の債務超過になっていると、1億円、2億円の債務超過になっているというふうな状態だとして、銀行から借入れをしていて、

保証人に被相続人がなっているというふうな状態とすると、潰してしまうってどうなのですか？

佐伯 心情として、やはり残したいという人が多かったですね。父親の作った会社とか、先祖から代々続いている会社、私の代で潰すのは、という。今の若い人は変わってきたかもしれませんが、そういう人が多かったですよね。頑張れるところまで頑張りたいと。

菊田 保証債務の履行をしても会社に対する求償権がある。保証債務履行者が求償権を行使してもその履行を会社が不能というのが債務控除の大前提です。不能というのは、例えばもう会社更生法が適用になっているとか破産宣告を受けているとか、そういった客観的な状態になるならいい。そういう中小企業を再生させるために、求償権が履行できない会社更生法とかの法的確定ではなくて、ある程度緩和されたのが平成15年に、ありました。

今仲 はい、ありましたね。

菊田 その時、その基準を使うことが可能になって、若干よくなっている。

今仲 公的に認めてもらわないと手続が大変ですからね。

菊田 そうです、そうなんですよね。法律上はもう、行使不能というかたちになっているのでね。

今仲 確かにそうなのですが手続は結構…。

菊田 大変。

佐伯 そんな状態で保証債務があるということで、相続の時に説明を受けていなかったり、よくわからない状態で申告したのでしょうね？　普通に相続をして。それを後から言われても、何ともしてあげられないですね。

菊田 更正の請求というので、出しているケースは見ますけどね。その当

時から、債務超過で不能な状態であったということでね。

今仲 なるほど。後からわかったんですということで。

菊田 それで認められるかどうかは、ちょっとわかりませんが。

佐伯 事実がそうであればね。

今仲 相続開始時点の事実はどうだった、ということが、後から証明するのは難しいですね？

菊田 そういうのは難しい。税務当局もなかなか認めないようなところがある。

菊田税理士　　佐伯税理士

17

評　価

今仲▶次は、評価に関連する個別のいろんな話をしていきたいと思います。現場でこんなケースがあったみたいなところから、お話をしていただけるとありがたいのですが。

佐伯▶評価といえば、財産全て評価なのでしょうが、不動産と非上場株式が評価の一番の重いところですね。不動産でいったら、形ですかね、形状。

今仲▶形状、はい。

佐伯▶不整形地とかね。補正しないで正面路線価だけで、1.0で出してくる人もいます。

今仲▶え？　そういう人もいるの？

佐伯▶今は、もうそんなにありませんが、所有する土地が住まいだけしかないということになってくると、それぐらいは出してくる。

今仲▶この頃、素人の人が、自分で申告書を作って申告するというのは、統計を見ていると、今もう10％近くあるみたいなのです。

佐伯▶増えてきていますね。

今仲▶それは、平成27年の基礎控除引下げ後、特に増えたような気がする

のです。素人の人が平気で申告書を作成して申告している。

菊田 そうです。

今仲 国税庁の「申告の手引き」というパンフレットは100ページぐらいあるのです。あれは、税務署でもらえます。それを見ながら、自分で作成しているみたいなのです。まともに評価できるのだろうかと思います。

菊田 最近はインターネットでも、国税庁が簡易な出し方とかも出してあります。単純なミスがやっぱりあるね。去年の倍率を使ってみたりとか。あれ、7月発表でしょう？　だから、それまでの分は前年の分で、路線価で計算しているのです。その分を、同じ金額だったらいいのですが、その時の金額で出しているとか。あと路線価で見たら、対象地が別の場所のを出しているとか。単純なミスがあります。

今仲 ちょっと話を戻すと、要は、路線価は毎年7月1日に公表される。それは1月1日現在の評価額で公表される。そうすると、1月に亡くなった人のきちんとした申告をしようとすると、7月にならないと土地の評価はできない。したがって、申告期限は10か月後にしている。

佐伯 そうですね。変わったのは、それですね。

今仲 もう一つは、やっぱり遺産分割協議って時間がかかるので、皆さんがどう分けるかということについては、財産が全部わかってからしか、分けようがないというのもある。そうすると、亡くなった人の財産が亡くなった時にいくらあったのかというのを、全部調べようとするだけでも、結構時間がかかる。大体、葬式があって、初七日だ、四十九日だ、なんだかんだと亡くなってから2、3か月してからようやく落ち着く。それから、やり出すというのが普通なので。まあ、分割協議が整うのは、亡くなってから早くても半年ぐらい。普通だと8か月、もう申告期限ギリギリという

こともあるのが普通なので、10か月にしたと、これ、もう一つの理由ですよね？　それは関係ないですか？

佐伯▶それはどうなのでしょう？　6か月の時代が長かったですものね。

今仲▶我々の環境からいうと、どうしてもそう感じます。現場でやっていると。

佐伯▶そうですか？　私は先ほどの路線価の公表が7月からというので10か月になったのではないかと思います。

今仲▶素人の人が申告しているケースでは、前年分の評価額を基にして申告をしてしまっているものもある。正面路線と側方とか、そういう我々からすると、基本の基本である土地の評価を適正にしないでよくわからないまま申告しているものもある。それで、基礎控除の範囲だったら、別に申告で相続税はかからないからいいという話でしょうけれども、相続税が少なくともかかるという話になったら、それまともにきちんとしていたら、相続税がかからないかもしれないみたいなことも当然あり得ると？

佐伯▶ありますね。やっぱり、税理士さんに頼むのがもったいない。なので、今インターネットで調べれば、そこそこやれるし。じゃ、自分でやろうかと。とりあえず、こういうやり方でやったらできるんだなあ、でやっちゃいますよね。だから、本来はもう少し少なくていいのに、多めにというケースですよね。個人でやっているのはね。

今仲▶なるほど。結構、その評価に関しては、要は、名義預金とかそういうものはおいておいて。評価そのものだけを見ると、高めに申告してしまっているというケースの方が、どっちかっていうと…。

佐伯▶多いですね。

今仲▶多い？

菊田 路線価そのままで評価しているとか。それはもう、そのまま金額的な、他の面もありますけど、それだけなら、そんなに訂正はさせることはない申告書もありますね。

佐伯 今の評価方法は、土地だったら土地の形によって、もうガラッと評価額が違ってきますものね。

今仲 そうですね。

佐伯 だから、当事務所のように、航空写真を見つつ、現況を見つつ、やることは確実に。やはり、きちんとやるのは、手間もかかるのです。やらない税理士事務所も多いですよね。せいぜい、「この不整形、もういいだろ」とか言って。

今仲 なるほど。不整形もきちんと取らないで？

佐伯 ええ。だから、ほんと、0.2％でも0.3％でもやっぱり減額できるものはしていかないと。

今仲 ええ。それで積み重なったら大きいですからね。

佐伯 大きいですからね。

今仲 その辺のところを詳しく話をしようとすると、評価の方法の細かいことを話さないといけないので、そこはちょっとおいておきます。そういう意味では、素人の方が自分で申告すると。我々に例えば、申告料50万円を払わなくて済むという。税額が少なくともそれ以上になるような場合には、いやいや、我々に頼んだら、申告しないでよかったよみたいなことになるかもしれない。

佐伯 そうですね。

菊田 簡単な評価じゃなくて、例えば、貸付不動産が多いとか、田畑が多いとか。それから、小規模宅地の特例があるので、その特例にはやっぱり

要件が加わるので、いくつか要件を満たさないと貸付とか事業とか認められるか否か、やっぱり要件で一つ満たさないと、とにかく8割とか5割とか金額的に評価も大きく違ってきます。そういった特例とか貸付不動産や田畑が多い方については、やっぱり申告の安全性を考えたら、やっぱりきちんと専門にされている税理士にお頼みするのが、若干費用がかかるかもしれないけれども、あとあと見たらそれが一番ベターかなというふうには思いますけどね。

今仲 とにかく余分に払うことほど、ばからしいことはないですから。

菊田 ないですからね。

今仲 ある税理士事務所に勤めている職員の人が、自分の祖母が亡くなったので、その事務所で当然、相続税の申告書を作って申告をした。ところが、その職員の人がまだ新人だったのですが、「よくわからないけれども、ちょっと税金が多すぎるような気がする」というので、私のことを知っていて、飛び込みで電話をかけてきて、ちょっと相談に乗っていただきたいのですと、当事務所に来られた。名刺交換をして初めて、その人が税理士事務所に勤めている人だということがわかって。「先生、すみませんが、ちょっとこれ、高すぎると思うので、見直してもらえませんか？」って言われて。見たら、広大地扱いなのに広大地評価を使っていなかった。水路があるのに、水路幅が結構3mくらいある。あるのに、その路線価を反映させていたのです。税額で確か2,000万円ぐらい返ってきた。その人にとっては最初、当事務所に来るのがすごくやっぱり敷居が高かったらしいです。

佐伯 そうでしょうね。他の事務所に勤めているのですからね。

今仲 自分の勤めている事務所の先生のところでやってもらったものを、

よそに持ち込むというのは、覚悟がいります。すごく抵抗があったみたいなのですが、いくらなんでも、2,000万円の税金が返ってきたら。何年かして、その人はその事務所を辞められたと聞きました。

菊田 そういうこと、あります。でも、意見が違う場合も出てくる。

佐伯 それこそ、税務署の中でも、考え方が違う場合もありますからね。絶対これだっていうのがないですから。だから、そこで、さあ、税理士事務所としてどうするかなのです。弱気でいくか、強気でいくか。ダメでもともと。だから、やっぱり弱気でいって、本当はできるのにしていなかったようなのは、税理士事務所にとって一番まずいと思いますよね。

今仲 そうですよね。

菊田 保険をかけるというのはね。

佐伯 だから、それはやっぱりやっちゃいけない。

菊田 やったらダメですよね。でも、そういうのはあるのよ。

佐伯 だから、「ダメでも、まあやってみようか」でいった方が、私はいいと思いますね。

今仲 いいですよね。ただ、そのときに、お客様にきちんと説明しておいて。安全にいったらこうです、と。だけど、我々としてはこういうふうなかたちでいっていて、通ったらそれでいいかなと思っています。これはやっぱり、評価に関しては、税務署の中でも見解が違うというぐらい難しい話なので、これは違いますよ、という指摘を受けて、追加で税金をいくらか払わないといけないかもしれません、と。そのときには、修正申告をしないといけませんから、追加の税金はもともと払わなければならないのでいいと思いますが、加算税とそれからその間の利息を、追加で払う必要があるという可能性があります、と。我々としては、これでなんとか通れ

ればなというふうに思うし、何割かの確率で、これでいけると思うから、と対応しています。万一、ダメですよというふうに言われたときには、加算税と延滞税があるので、このぐらいの税金になりますということを事前に伝えた上で、選択をしていただくということが、今までも何回かやったことがやっぱりあります。そこはすごく大事なやり方かなと思いますね。

佐伯 ありますね。もう、「これ」という答えがないですからね。

菊田 やっぱり、財産評価基本通達で、決まっていたら別ですが、なかなか難しい面がありますね（笑）。だから、税務職員もおおむねその通達にある程度基づいて、ある程度合理的で、これで妥当だなというのであれば、大体おおむね認めているのではないですかね。

佐伯 そうですね。

今仲 そういう意味でいうと、やってはダメなのは、先ほどの形状とか、それから利用形態。複数の利用形態があるというときに、その利用形態ごとに評価をしないといけないのを、よく実情を見ないまま評価してしまって、過少に評価をするということがあったりすると、これは怖いです。逆にいうと、過大になってしまっているケースもある。そこはやっぱり、しっかりと現場をきちんと見るというのは、これは土地の評価をするときの基本の基本ですけど。そういうことをきちんとしないまま、申告しているケースも多いのではないかなと思います。

菊田 うん、そうそう。実態ごとに見ずに、おっしゃるように現場を見ずにすると、それ後でそれのしっぺ返しがきたりしますのでね。まずは現場を見て、税理士も現場も見て評価をしないと。

今仲 素人の人は申告するときに、それは結構難しいと思います。一筆の土地を利用形態ごとに評価をするときに、これって結構難しいじゃないで

すか？　あれを、まともに素人の人ができるとは思えないですよね。

佐伯 うん、そうですね。できないでしょうね。

菊田 できない。貸地とか貸家建付地ごとに評価する場合とか、いろいろありますので。あとは、法人絡みで、無償返還届出書が出てますでしょう？それで、その賃貸借と使用貸借というのは、ちょっと違いますよね？　それもう、ごっちゃにしてしまうケースがあるのですね。本来使用貸借であれば、自用地評価ですが、20％控除した金額で計算したりとか。

今仲 法人が建物持っていて、土地は地主というときに、地代を支払っていないと。地代を支払っていないのに、2割引いている。

菊田 引いている、それがある。だから、それは必ず契約書とか見て検討します。だから、賃貸借なのか使用貸借なのか、それの判断も必要です。借地権の評価では、地代調整率がありますよね。実際に検討しているのか、借地権割合で出しているのか、そういうのも評価としては見ますね。だから、法人絡みの土地の評価については、気を付けて見ています。

今仲 そういう意味でいうと、調査官の立場からすると、その評価が間違っているときには、預貯金とかいろいろ調べたら何もないというときには、評価が間違っているということだけの修正を求める。

佐伯 そうですね。本来の実地調査じゃなくて、「いらっしゃい」で、税務署へね。

今仲 指導で？

佐伯 ええ。

今仲 そのときには、加算税はあるのですか？

佐伯 あります。

今仲 やっぱり、過少申告？

佐伯▶はい。評価間違いによる過少申告です。

菊田▶評価間違いですね。

佐伯▶あるいは、過大に評価しているというかたち。

今仲▶調査に移行しないものは、どのぐらいの割合で出てきますか？

税理士　菊田太平

佐伯▶流れとしては、まず机上でチェックできる項目は、もうそこでやっちゃいましょう、と。ですから、評価だけだったらそこで来てもらって終わらせる。そうじゃなくて、今度、実地調査に持っていくとなれば、やはり預貯金、株のような不表現資産の確認の場合ですよね。

菊田▶よっぽど、小規模宅地みたいな、これ間違っていたら大きい金額と、預貯金と一緒で実地調査に行く。

今仲▶なるほど。小規模宅地の場合には、実態がどうであったかということで、確認しないといけない場合があるのですね。

菊田▶それもありますね。

今仲▶結構、問題になるのが、小規模宅地なんかでもあると思いますが、特に居住用で、被相続人の居住用には使っていたけれども、そこに同居をしていない子どもが取得をすると使えない。ところが、その子どもが自宅を持っていないというケースの場合には、使えるケースがあるといったところで、実地調査に行って、結局使われなかったみたいな話ってありますか？

佐伯▶あれは、マスコミネタになるほどはなかったですね。あれはやっぱり詳しい人が知恵をつけて、ああいうかたちに持っていったのではないかなと。

今仲 でも、普通にやっていて、悪気とか、それ利用しようとかそういうことではなくて、小規模宅地を使えるだろうと思って申告したけれども、実際は、規定を満たしていなくて否認した、みたい話はあります？

佐伯 あまりないですね。ただ、たまにあるのが、介護のためにずっともう1年2年と来ていました。それで、生活の本拠地は別の場所です。

今仲 なるほど。

菊田 否認した事例はありましたね。

佐伯 そして、子どもは元の家にいます。

今仲 要は、一緒に住んでいないといけないのが、介護に通っていたと。介護に通っていたのは、これは一緒に住んでいたことになると思って申告した。

佐伯 いや、まだ通っているのであれば、まだいいのですが、そこに住んでいましたと、もう、ずっとね。子どもたちはもう自分で生活できるので、私はもう2年前から母親、父親のためにずっとここにいたんですよと。

今仲 なるほど。ここは被相続人が住んでいるおうち。被相続人は1人で住んでいましたと。それで、子どもさん、娘さんですね。

佐伯 そうですね、長女が来ましたと。

今仲 娘さんが、ずっと面倒みないといけないから、家は家族と一緒にあるけれども、介護のためにここに住んでいましたと。お母さん、あるいはお父さんと一緒に住んで面倒をずっとみていました、寝泊まりもしてという状態です。だから、私はここに住んでいるのだから、居住用を使えると思って申告した。ところが、家族との自宅は別にあって、旦那さんも子どもさんもそこで生活をしている。生活の本拠はどこかといえば、この娘さんの生活の本拠は家族との家。だから、ダメですよと。これって結構、抵

抗するでしょう。

佐伯 しますよ。

今仲 これ、ダメなのよ（笑）。ダメなの、ということですよね。

佐伯 それはだから、ちょくちょく出てきましたよね。やっぱり、介護の関係ではありますよね。

今仲 なるほどね。それは、今でもあるのでしょうね。最近は、そういう状態になったら被相続人は老健入ったり、施設に入ったりしてしまっているケースの方が多いとは思うのですが、中にはあるのでしょうね、そういうケース。そういう意味では、介護保険がスタートしてから、そういうケースは減ってきているかもしれませんね。施設に入るっていう人の方が増えているから。お医者さんが開業されているケースで、家賃とか地代とか「払う」「払わない」の問題があります。お医者さんは、両親と一緒に住んでいますというケースだと思ってください。生計を一にしています。それで、お父さんの敷地の上にクリニックを建てて、医院を開業しています。これ、特定事業用宅地等になる。先生は、一緒に住んでいる医師だけど、兄弟がいます。兄弟とのバランスを考えたときに、タダでこの土地を借りていたら、文句を言われるのが嫌だから、地代を払っている。地代払ったら、これが特定事業用宅地等から外れる。我々は、事前にそれがわかっているから、「相続の時にこれ400m²まで8割引きできるので、これ、地代は払わない方がいいですよ」とアドバイスをするわけです。その土地の評価額が例えば、400m²で5,000万円だったら、4,000万円評価が下がるわけですから、大きいのです。「地代は払わないようにしましょう」っていう話をするのですが、お姉さんとか妹さんから、「あなたタダでこれ、貸してもらって使ってるの!?」というふうに言われるのが嫌だと。お医者さんですから

お金あるし、そんなことで別に言われたくないので結局一緒に住んでいるけれども、ちゃんとお金を払っている人がいるのですよね。

佐伯 あるでしょうね。やっぱり兄弟の関係。

今仲 ところが、我々からすると、税金を相続税を安くするには、地代を支払ったらいけない。

佐伯 相続を考えたらそうですけどね。親族間の関係を考えたときに。

今仲 相続とかそういう対策とか考えたときには、非常にその辺が難しいですね。ちょっとしたことで、実は税金というのは、大きく変わってくる。一つの例をご紹介しましたが、知っておいていただきたいなと思うわけですね。我々はそういう実務をずっと積み重ねてきている中で、法律が「なぜそうなっているのか」という、先ほどの「一緒に住んでいるのと一緒だ。だけど、これが適用できないっておかしい」という、そういう納税者の立場からすると、理不尽と感じられるようなことが、法律には規定されている。それにはちゃんとした主旨が実は一方であって、課税の適正化とか、脱税防止とかがある。そこは、ちょっとした工夫をすることで、事前のことだったら、脱税ではなくって、税金が安くなるっていうことが、たくさんあるということも、ぜひとも知っておいていただきたい。そこは、我々税理士に相談をする、あるいは顧問になっておいてもらうということの、大きな意味。例えば、月3万円払うと年36万円です。10年分払ったって360万円です。それで税金が、1,000万円、2,000万円安くなるっていうことは、よくある話です。ぜひとも、そこは相続税がそれなりにかかる人たちは、税理士に顧問になってもらうというのは、これは必須だということを知っておいていただきたい。これは資産税に限らず法人税でもやっぱりしょっちゅう起こること。だけど法人税の場合には、毎年の申告があるの

で、その時その時にわかるのです。相続税というのは、亡くなった時に初めてわかる。だけど、亡くなった時には、もう遅い。

菊田 そうです。

今仲 そういうものなので、当事務所は相続税の申告、年間40件前後させていただいていて、やっぱり亡くなってから初めて依頼されるとそのうちの2割か3割ぐらいは、なぜ事前に申告の相談をしておいてくれなかったのだろうっていうのは、やっぱりありますね？

佐伯 あります。

今仲 それはやっぱり、調査をしていた時の立場からしても、やっぱり感じることですか？

菊田 多いです。大きな行いをするときは、必ず事前に相談しておかないと、事業承継とか生前贈与とか、相続対策、いろいろありますけど。急にはできないので、やっぱり長期のスパンでこういうのであれば、思っていることと実際は違う場合が多いです。やっぱり専門家に聞いて相談してやっていかないと、あとで多めに税金を払うケースも多いので、事前に対策をしておくことが必要かなというふうに思います。

今仲 これも、実際に相続税の申告を頼まれてからわかった話ですが、弁護士さんの紹介だったのですけれども、相続税の申告期限の2か月前です。すごく会社の評価が高いところでした。個人で土地もたくさん持っていて、お金もたくさん持っている方。

佐伯 億はありましたね。

今仲 依頼が申告期限の2か月前だったので、株の評価も全然できていない。会社の顧問をしていただいている税理士先生は、もともとその申告をするつもりで自分でも用意されていたのです。当事務所に相続税の申告を

お願いしたいと話があった時に、私が言ったのは、その税理士さんが、すでに相続税の申告の手続に入っているはずです。その相続税の申告の手続に入っている今までの分の報酬をその先生に払っていただけるのでしたら、当事務所でやりますと、まず最初に言ったのです。結局100万円単位のお金を支払われて、当事務所で申告するという話になった。実はそこの社長さんは、亡くなる2年半ほど前に、命はあと1年と宣言されて、会社を辞めて退職金数億円の支給を受けていたのです。したがって法人の決算は赤字になりました。翌年、奥さんも旦那さんと一緒に住んで、面倒をずっとみたいから、もう会社を辞める。夫婦でずっと会社を大きくしていたので、奥さんも役員で何億円の退職金をもらって、また赤字になった。2期連続赤字です。それで、配当は無配です。当然相続税の評価額は、純資産価額でないとダメです。類似業種比準価額は使えない。類似業種比準価額は、3,000円。純資産価額は、2万円、みたいな感じなのですよ。そこは大会社ですから、3,000円で評価できる。株の評価をするときには、配当、利益、それから純資産価額。この三つの要素のうち、二つが赤字だったら、純資産価額2万円で評価しなさい。

佐伯 そうですね。

今仲 だから、2万円。ところが、大会社ですから配当していたら、3,000円で評価できたのです。それが当事務所だったら、退職金を支払う形にしていくのなら、配当するように指導していたのですよ、その時にわかっているのですから。しかも、もう1年の命と言われているのですから、配当すれば、要素が3のうち、一つしかゼロになりません。つまり、配当しなかったから、2要素がゼロなので、2万円の評価になったけど、配当していたら1要素だけゼロなので、類似業種比準価額で3,000円の評価だった。

それだけで、税金が億単位で違ってきます。それが、2か月前に私のところへ移ってきた。その先生、本当にいい先生だったのですよ。しっかりした仕事をする事務所だったのです。法人税の申告は。ところが、この相続対策という株価評価の視点というのは、全くなかったのですね。当事務所なら3,000円の評価が受けられるように手を打っていたのが、打てていなかった。実は法人税の申告が中心の税理士は、ほとんどこのパターンです。一方で資産税のことは、例えばOBの先生に全部任せきっているっていう先生が、結構いらっしゃるのです。そういう人たちは、その視点が全くないままやっている。相続税は亡くなってしまってから依頼がありますので、もうこの時にはどうしようもない。つまり、法人税の申告を頼んでいる先生が、資産税のことをきちんとわかっていて、適正なアドバイスをしてもらえている状況にあるかどうかというかのは、すごく大事なポイントだということを知っておいていただきたいなと思うのです。そのことは依頼者に言ったのです。それ、言わないわけにいきません。終わった話ですが、実はこうなので、この評価額は本来一株3,000円で済んでいるのですよと。税金は2億円ぐらい少なく済んでいたはずですと。

菊田▶法人の方も、資産のことはあまりね。

佐伯▶やっぱり、気を回さないといけない。

菊田▶回さないと、ちょっと苦手意識といったらおかしいですけど。

佐伯▶当事務所で相談会をやっている時も、相談に来る人はみんな税理士さんが関与しています。そうすると、え、そうですか？　という、相手はびっくりするような話題が出てきます。

今仲▶出ますよね。やっぱり、世の中の税理士事務所っていうのは、ほとんどが法人税、所得税の決算申告をする税理士で、資産税専門でやってい

る先生というのは、割合は少ないのですが、います。両方をやっている事務所というのが少ないというのが、難しいところですね。当事務所はそういう形で、両方の部所を作っています。実は開業する時に、開業するなら組織化する。1人では税理士事務所はやらないと決めていました。勤めていた会社で続けていたら、もう十分役員になって、それなりの給料をもらえると思っていた。会社辞めて独立するかどうかを決める時には、ある程度の大きさの事務所にすると、最初から決めていたのです。それはなぜかというと、税理士は1人で何もかもできるような仕事とは違う、と私は頭から思っていました。勉強している時に、税理士試験を通るのにこんなにすごい勉強をして、こんなの1人で全部やれるわけないだろう、と思っていたので、ある程度の組織にする。少なくとも、20人、30人以上の事務所にするということを、開業する時にはそう決めていたものですから、なれるかなれないかはわからないけど、とりあえずそれを目標にして始めた。だから、税に関してはいろんなことに対応できるような事務所にしよう、というふうな思いでスタートしてきている。職員の人たちもそれを当たり前にしてやってきている、ということなのです。ところが、この業界が難しいのは、勤めてくれる人たちは、資格を持って独立したいと思っている人も結構な割合で多いわけです。その人たちは、独立する時までには、一通り全部勉強したいと思うのです。ところが、事務所経営をしてみると、資産税は資産税に特化をして資産税ばかりやる。法人税、所得税は、こればかりやるということをしておかないと、事務所の経営効率が悪くなる。1人の人があっちもやるし、こっちもやるしってやっていたら、その人のためにはいいかもしれないけれど、事務所経営全体から見ると、よくない。だから、逆にいうと、資格を取った人が辞めてしまう。何もかもしたいと

思ったら、組織にいてはできないのですよ。当事務所を辞めて開業した人全員が、やっぱり5、6人までの事務所なのですよ。なぜかというと、税理士としていろんなことをしたいと思って開業している。私は、それはお客様の立場から見たら、良くないことだと思います。お客様の立場から見たら、1人でやれることには限界がある。その人のできることしか、お客様は対応してもらえないのですよね。これを組織でやっていたら、全体でその人が必要なことを全部対応できて、その税理士事務所としてできないことは、例えばプロの弁護士なり、司法書士なり、土地家屋調査士なり、いろんな人たちと組んでやるという体制をきちっと取ることが、お客様が望んでいることだと思うのです。つまり、お客様を中心に物事を考えるのか、自分を中心に考えるかということなのかなと思うのですね。それが、事務所の中で、たぶん職員一人ひとりに伝わっていて、お客様中心が当たり前になっていると思うのです。結局、税理士業務というのは、焦点を誰に合わせるかというと、お客様に合わせる。その焦点を合わせるときに難しいのは、お客様に合わせるといったら、お客様が言ってきたことには、全部100％応えると思いがちですけどそれは違う。お客様が脱税したいと言っているとして、それに応えてはいけないのが我々の仕事ですから。お客様に焦点を合わせるけれども、税理士としての社会的な責任。これは、きちんと守りながら、だけど、お客様が要求をしてくるいろんなこと、あるいは、相談においては、真摯にお客様に寄り添っていろんなことをやっていく。税金という世界でいうと、「法律に従って、1円も多くなく、1円も少なくなく払う」ということをお客様にわかってもらう。二律背反のように見えるようなことかもしれません。私は、二律背反ではなくて、別の問題だというふうに思って、今までずっと仕事をしてきています。この仕

事をやるときに、そこを勘違いされている方が非常に多いような気がしています。お客様に寄り添いますが、法律にしたがって1円も多くなく、1円も少なくなく税金を納めるのは、これは、税理士の仕事ではなくて、実は国民全員が一人ひとりがやらなければならないこと。何かといえば、憲法を中心としたルールを守りながら社会生活を送り、我々は生きていくわけですから。人として気持ちよく、誰を騙すわけでもなく、誰に頼るわけでもなく、1人の人間として自立してしっかりと生きていくということでいえば、そういうことだろうと、私は思っています。税理士として、やっぱり一番信用が大事だと思います。その信用を得て、譲れるところと譲れないところの、一線を越えてはならないところは越えてはいけない。その日頃の心構え、それが必要。もちろん、納税者の立場を大事にすることも必要なのですが、税理士としての立場で、一線を越えない。その見極めをきちっとすること、必要かなと思いますね。それを、社員30人でやっていると、全員が同じ意識で仕事をするように、職員全員で、意識をしっかり持ってやっていくということを作り上げるのが、私の責任だと思って今までやってきています。結局、そういうお客様が残ってくれているなというふうにも思います。

所長　今仲清

著者紹介

税理士 今仲 清（いまなか きよし）

昭和59年　税理士事務所開業
昭和63年　㈲経営サポートシステムズ設立
平成25年　税理士法人　今仲清事務所・代表社員
現在、不動産有効活用・相続対策の実践活動を指揮しつつ、セミナー講師として年間100回にものぼる講演を行っている。
著書に、『相続税の申告と書面添付　安心の相続を実現するために』（TKC出版）『Q&A事業承継税制徹底活用マニュアル』（ぎょうせい）『Q&A病院・診療所の相続・承継をめぐる法務と税務』（新日本法規）『土地有効活用による節税対策Q&A』『ことしの土地・住宅税制はこう変わる！』『成功する「生前贈与」Q&A』『固定資産税・知ってトクするしくみと対策』『図解　都市農地の特例活用と相続対策』（清文社）他多数。

税理士 川崎 政次（かわさき まさじ）

昭和25年9月12日　佐賀県に生まれる
昭和44年3月　佐賀県立伊万里商業高校卒業
　　同年4月　大阪国税局採用後同管内税務署において法人税調査に携わる
平成23年7月　吹田税務署法人税統括国税調査官を最後に退職後再任用
平成24年3月　再任用期間満了により退職
平成24年10月　税理士法人今仲清事務所設立に伴い社員税理士として就任
平成28年7月　税理士法人今仲清事務所任期満了により社員税理士退任
平成28年8月　株式会社経営サポートシステムズ取締役就任
平成29年7月　同社取締役任期満了により退任

税理士 三村 達男（みむら たつお）

昭和26年3月18日　岡山県に生まれる
昭和50年3月　岡山大学卒業
　　同年4月　大阪国税局採用後同管内税務署において法人税調査に携わる
平成23年7月　伏見税務署特別国税調査官を最後に退職後再任用
平成24年3月　再任用期間満了により退職
平成26年1月　税理士法人今仲清事務所設立に伴い社員税理士として就任
平成29年7月　税理士法人今仲清事務所任期満了により社員税理士退任
平成29年10月　株式会社経営サポートシステムズ取締役就任
平成30年10月　同社取締役任期満了により退任

税理士 佐伯 健（さいき たけし）

昭和23年11月22日　愛媛県に生まれる
昭和50年3月　国際商科大学卒業
　　同年4月　東京国税局採用後同管内税務署において資産税調査に携わる
昭和61年　大阪国税局に移動後同管内税務署において資産税調査に携わる
平成21年3月　任期満了により退職
平成27年7月　税理士法人今仲清事務所に社員税理士として就任
平成30年7月　税理士法人今仲清事務所を任期満了により社員税理士退任
　　同年8月　株式会社経営サポートシステムズ取締役就任
令和元年8月　同社取締役任期満了により退任

著者紹介

税理士
進　宗一
しん　しゅういち

昭和31年3月29日　福岡県に生まれる
昭和49年3月　福岡県築上中部高等学校卒業
　同年4月　大阪国税局採用後同管内税務署において間税調査・法人調査に携わる
平成28年7月　尼崎税務署法人税統括国税調査官を最後に退職
平成28年8月　税理士法人今仲清事務所に社員税理士として就任
令和元年7月　税理士法人今仲清事務所任期満了により社員税理士退任
　同年8月　株式会社経営サポートシステムズ取締役就任

税理士
橘　健二
たちばな　けんじ

昭和26年1月24日　和歌山県に生まれる
昭和44年3月　和歌山県立田辺高校卒業
　同年4月　大阪国税局採用後同管内税務署において間税調査・法人調査に携わる
平成23年7月　西淀川税務署法人特別国税調査官を最後に退職
　同年9月　税理士登録
平成29年9月　税理士法人今仲清事務所に社員税理士として就任

税理士
菊田　太平
きくた　たいへい

昭和26年4月5日　石川県に生まれる
昭和50年3月　関西学院大学法学部卒業
昭和52年4月　大阪国税局採用後同管内税務署において資産税調査及び審理担当に携わる
平成24年7月　葛城税務署資産課税統括国税調査官を最後に退職後再任用
平成29年3月　再任用期間満了により退職
平成30年7月　税理士法人今仲清事務所に社員税理士として就任

〈事務所〉
税理士法人　今仲清事務所
㈱経営サポートシステムズ
〒591-8023　堺市北区中百舌鳥町5-666
http://www.imanaka-kaikei.co.jp/

税務調査のプロ集団が教える実務の落とし穴

否認を受けない税務申告のポイント

2019年12月26日　発行

著　者　　税理士法人 今仲清事務所 ⓒ

発行者　　小泉 定裕

発行所　　株式会社 清文社
　　　　　　東京都千代田区内神田１－６－６　（MIFビル）
　　　　　　〒101-0047　電話 03（6273）7946　FAX 03（3518）0299
　　　　　　大阪市北区天神橋２丁目北２－６　（大和南森町ビル）
　　　　　　〒530-0041　電話 06（6135）4050　FAX 06（6135）4059
　　　　　　URL http://www.skattsei.co.jp/

印刷：㈱太洋社

■著作権法により無断複写複製は禁止されています。落丁本・乱丁本はお取り替えします。
■本書の内容に関するお問い合わせは編集部までFAX（06-6135-4056）でお願いします。
■本書の追録情報等は、当社ホームページ（http://www.skattsei.co.jp）をご覧ください。

ISBN978-4-433-62479-8

プロが教える 相続税調査の要諦
―調査官はここを見る!―

税理士・不動産鑑定士　東北　篤　著

相続税調査を中心に、被相続人の生前からの預貯金及び有価証券等の資産管理方法や相続税申告時の対策を解説。不動産評価と調査対応のポイントについても取り上げ、実務経験者の立場から詳しく解説。

■B5判200頁/定価：本体 2,500円+税

【令和元年11月改訂】Q&A
生命保険・損害保険の活用と税務

税理士　三輪厚二　著

法人・個人をめぐる生命保険・損害保険について、各商品の基本的なしくみ、税務処理の仕方から活用方法に至るまでを、わかりやすく解説。最新の保険税務を追加し、定期保険及び第三分野保険の取扱い、「最高解約返戻率」による取扱い等をQ&A方式で詳解。

■A5判816頁/定価：本体 3,800円+税

資産家のための
民法大改正 徹底活用
相続法・債権法&税金

弁護士　江口正夫／税理士　坪多晶子　著

民法（相続法・債権法）の改正及び関連する税制改正や民法改正を活用した相続・相続税の賢い対策について図表を交えてわかりやすく解説。

■A5判280頁/定価：本体 2,400円+税

データベース税務問答集
税navi
zei-navigation

年間利用料 18,000円+税

各税目の実務取扱いを解説した税務問答集（書籍）の内容すべてをデータベース化。横断的な検索機能、読みやすいレイアウトでの表示や印刷機能を備えたオンラインツールです。

収録書籍
○法人税事例選集
○減価償却実務問答集
○所得税実務問答集
○源泉所得税の実務
○消費税実務問答集
○資産税実務問答集
○個人の税務相談事例500選
○印紙税ハンドブック

詳しくは弊社HPへ → http://www.skattsei.co.jp